Conoce todo sobre creación de un sitio web con PHP y MySQL

5ª Edición actualizada

Conoce todo sobre creación de un sitio web con PHP y MySQL

5ª Edición actualizada

Jacobo Pavón Puertas

Ezequiel Llarena Borges

La ley prohíbe fotocopiar este libro

Conoce todo sobre creación de un sitio web con PHP y MySQL. 5.ª Edición actualizada
© Jacobo Pavón Puertas y Ezequiel Llarena Borges
© De la edición: Ra-Ma 2015
© De la edición: ABG Colecciones 2020

MARCAS COMERCIALES. Las designaciones utilizadas por las empresas para distinguir sus productos (hardware, software, sistemas operativos, etc.) suelen ser marcas registradas. RA-MA ha intentado a lo largo de este libro distinguir las marcas comerciales de los términos descriptivos, siguiendo el estilo que utiliza el fabricante, sin intención de infringir la marca y solo en beneficio del propietario de la misma. Los datos de los ejemplos y pantallas son ficticios a no ser que se especifique lo contrario.

RA-MA es marca comercial registrada.

Se ha puesto el máximo empeño en ofrecer al lector una información completa y precisa. Sin embargo, RA-MA Editorial no asume ninguna responsabilidad derivada de su uso ni tampoco de cualquier violación de patentes ni otros derechos de terceras partes que pudieran ocurrir. Esta publicación tiene por objeto proporcionar unos conocimientos precisos y acreditados sobre el tema tratado. Su venta no supone para el editor ninguna forma de asistencia legal, administrativa o de ningún otro tipo. En caso de precisarse asesoría legal u otra forma de ayuda experta, deben buscarse los servicios de un profesional competente.

Reservados todos los derechos de publicación en cualquier idioma.

Según lo dispuesto en el Código Penal vigente, ninguna parte de este libro puede ser reproducida, grabada en sistema de almacenamiento o transmitida en forma alguna ni por cualquier procedimiento, ya sea electrónico, mecánico, reprográfico, magnético o cualquier otro sin autorización previa y por escrito de RA-MA; su contenido está protegido por la ley vigente, que establece penas de prisión y/o multas a quienes, intencionadamente, reprodujeren o plagiaren, en todo o en parte, una obra literaria, artística o científica.

Editado por:
RA-MA Editorial
Madrid, España

Colección American Book Group - Informática y Computación - Volumen 36.
ISBN No. 978-168-165-742-4
Biblioteca del Congreso de los Estados Unidos de América: Número de control 2019935106
www.americanbookgroup.com/publishing.php

Maquetación: Antonio García Tomé
Diseño de portada: Antonio García Tomé
Arte: Freepik

*A mis dos amores: mi mujer
Gema y mi hijo Alejandro;
y a mi familia.*

Jacobo

*A mis padres, Leonor y Sixto,
y a Germán por su apoyo incondicional.*

Ezequiel

ÍNDICE

ACERCA DE LOS AUTORES 13

INTRODUCCIÓN 15

CAPÍTULO 1. PHP Y MYSQL 17
    1.1   PHP 17
    1.2   MYSQL 18

CAPÍTULO 2. CONFIGURACIÓN DEL SOFTWARE NECESARIO 19
    2.1   INSTALACIÓN Y CONFIGURACIÓN DE APACHE 19
    2.2   CONFIGURACIÓN DE PHP 26
    2.3   INSTALACIÓN Y CONFIGURACIÓN DE MYSQL 28
    2.4   INSTALACIÓN Y CONFIGURACIÓN DE PHPMYADMIN 29
    2.5   OTRAS OPCIONES DE INSTALACIÓN 31
            2.5.1   WAMP 31
            2.5.2   AppServer 34

CAPÍTULO 3. PRIMERAS PRUEBAS 37
    3.1   EMPEZANDO CON PHP 40
    3.2   COMENTARIOS 41
    3.3   EJEMPLO 42

CAPÍTULO 4. VARIABLES Y CONSTANTES 43
    4.1   MOSTRANDO VARIABLES 44
    4.2   EJEMPLO 44
    4.3   CONSTANTES 45
            4.3.1   Ejemplo 46

CAPÍTULO 5. OPERADORES 47
5.1 OPERADORES ARITMÉTICOS 47
5.1.1 Ejemplo 48
5.2 OPERADORES DE COMPARACIÓN 48
5.2.1 Ejemplo 49
5.3 OPERADORES LÓGICOS 49
5.3.1 Ejemplo 50
5.4 OPERADORES DE UNIÓN DE CADENAS 50
5.4.1 Ejemplo 51

CAPÍTULO 6. ESTRUCTURAS DE CONTROL 53
6.1 INSTRUCCIONES CONDICIONALES 53
6.1.1 Ejemplo 1 54
6.1.2 Ejemplo 2 55
6.2 INSTRUCCIONES DE BUCLE 56
6.2.1 Ejemplo 1 56
6.2.2 Ejemplo 2 57
6.3 OTRAS INSTRUCCIONES 58
6.3.1 Ejemplo 1 58
6.3.2 Ejemplo 2 60

CAPÍTULO 7. FUNCIONES 61
7.1 FUNCIONAMIENTO 61
7.1.1 Ejemplo 1 61
7.1.2 Ejemplo 2 62
7.2 ALCANCE DE LAS VARIABLES 63
7.2.1 Ejemplo 1 63
7.2.2 Ejemplo 2 64

CAPÍTULO 8. FUNCIONES PARA MANIPULAR CADENAS 65
8.1 FUNCIÓN SUBSTR ( ) 65
8.1.1 Ejemplo 65
8.2 FUNCIÓN ORD ( ) 67
8.2.1 Ejemplo 68
8.3 FUNCIONES PRINTF ( ) Y SPRINTF ( ) 69
8.3.1 Ejemplo 70
8.4 FUNCIONES STRTOLOWER ( ) Y STRTOUPPER ( ) 71
8.4.1 Ejemplo 71
8.5 FUNCIONES EREG ( ) Y EREGI ( ) 72
8.5.1 Ejemplo 73

CAPÍTULO 9. MANEJO DE FICHEROS **75**
   9.1   DIRECTORIOS 76
         9.1.1   Ejemplo 1 76
         9.1.2   Ejemplo 2 77
   9.2   SUBIR FICHEROS AL SERVIDOR 77
         9.2.1   Ejemplo 78

CAPÍTULO 10. COOKIES Y SESIONES **81**
   10.1   COOKIES 81
         10.1.1   Ejemplo 82
   10.2   SESIONES 82
         10.2.1   Ejemplo 83

CAPÍTULO 11. VARIABLES PREDEFINIDAS **85**
   11.1   EJEMPLO 1 86
   11.2   EJEMPLO 2 89

CAPÍTULO 12. NUEVAS CARACTERÍSTICAS DE PHP **91**
   12.1   EXPRESIONES CONSTANTES 91
   12.2   DEFINICIÓN DE ARRAYS CONSTANTES 91
   12.3   LISTA VARIABLE DE ARGUMENTOS 92
   12.4   EXPONENCIACIÓN 92
   12.5   AMPLIACIÓN DEL OPERADOR "USE" 92
   12.6   DEPURADOR PHP 93
   12.7   SSL/TLS MEJORADO 93

CAPÍTULO 13. COMENZANDO CON MYSQL **95**
   13.1   PHPMYADMIN 95
   13.2   CREAR UNA BASE DE DATOS 95
         13.2.1   Ejemplo 96
   13.3   CREAR UNA TABLA 97
         13.3.1   Ejemplo 97
   13.4   INSERTAR DATOS EN UNA TABLA 99
         13.4.1   Ejemplo 99
   13.5   CONSULTAR DATOS DE UNA TABLA 100
         13.5.1   Ejemplo 1 101
         13.5.2   Ejemplo 2 102
   13.6   ACTUALIZAR DATOS DE UNA TABLA 103
         13.6.1   Ejemplo 103
   13.7   BORRAR DATOS DE UNA TABLA 104
   13.8   BORRAR UNA TABLA 105
   13.9   BORRAR UNA BASE DE DATOS 106

CAPÍTULO 14. PHP Y MYSQL 107
    14.1   CONECTAR CON UNA BASE DE DATOS 107
           14.1.1   Ejemplo 108
    14.2   SELECCIONAR UNA BASE DE DATOS 108
           14.2.1   Ejemplo 108
    14.3   EJECUTAR UNA CONSULTA EN UNA BASE DE DATOS 109
           14.3.1   Ejemplo 109
    14.4   DEVOLVER CONSULTAS EN UN ARRAY 110
           14.4.1   Ejemplo 111
    14.5   NÚMERO DE REGISTROS OBTENIDOS EN UNA CONSULTA 111
           14.5.1   Ejemplo 111

CAPÍTULO 15. PRIMERAS APLICACIONES PARA NUESTRA WEB 113
    15.1   FECHA Y HORA EN NUESTRAS PÁGINAS 113
           15.1.1   Ejemplo 114
    15.2   CONTADOR DE VISITAS 116
           15.2.1   Ejemplo 116
           15.2.2   Recuento de visitas de todo el portal 117
    15.3   MOSTRAR EL TIEMPO DE CARGA DE NUESTRAS PÁGINAS 121
           15.3.1   Ejemplo 1 122
           15.3.2   Ejemplo 2 123
    15.4   FRASES ALEATORIAS AL RECIBIR A LOS USUARIOS 125
           15.4.1   Ejemplo 126
    15.5   RECOMENDAR NUESTRA WEB A UN AMIGO 127
           15.5.1   Ejemplo 128
    15.6   CAMBIAR UNA IMAGEN SEGÚN EL DÍA DE LA SEMANA 130
           15.6.1   Ejemplo 131
    15.7   PROTEGER PÁGINAS CON CONTRASEÑA 132
           15.7.1   Ejemplo 132

CAPÍTULO 16. APLICACIONES MUY ÚTILES PARA NUESTRA WEB 135
    16.1   CREACIÓN DE UN FORO 135
           16.1.1   Ejemplo 135
           16.1.2   phpBB 144
    16.2   CREACIÓN DE UN LIBRO DE VISITAS 146
           16.2.1   Ejemplo 147
    16.3   FORMULARIO DE CONTACTO 153
           16.3.1   Ejemplo 153
    16.4   REGISTRO Y RECONOCIMIENTO DE USUARIOS 157
           16.4.1   Ejemplo 158

16.5	CODIFICAR CONTRASEÑAS CON MD5( )	164
	16.5.1 Ejemplo	164
16.6	INSERTAR, ACTUALIZAR, CONSULTAR Y BORRAR DATOS DE UNA TABLA	169
	16.6.1 Ejemplo	169
16.7	ENLACES A CADA RESULTADO DE UNA CONSULTA	183
	16.7.1 Ejemplo	183
16.8	SISTEMA DE ENCUESTAS	187
	16.8.1 Ejemplo	187
16.9	POSTALES SIN BASE DE DATOS	192
	16.9.1 Ejemplo	193
16.10	GENERAR NÚMEROS ALEATORIOS	197
	16.10.1 Ejemplo	197
16.11	ROTADOR DE BANNER	200
	16.11.1 Ejemplo	200

CAPÍTULO 17. INTRODUCCIÓN A LA TECNOLOGÍA AJAX 203
   17.1 ¿QUÉ ES AJAX? 203
   17.2 EL OBJETO XMLHTTPREQUEST 204
   17.3 COMBINAR AJAX Y JQUERY 207
   17.4 ENVIAR FORMULARIO CON AJAX Y JQUERY 207

GLOSARIO 211

ÍNDICE ALFABÉTICO 219

ACERCA DE LOS AUTORES

Ezequiel Llarena Borges es ingeniero técnico en Informática de Gestión por la Universidad de La Laguna y experto en Metodología Didáctica homologado por la Universidad Autónoma de Madrid. Desde hace ocho años es profesor de formación profesional ocupacional y formación continua por la especialidad de Informática. También ha trabajado como docente, coordinador y tutor del ciclo formativo de grado superior Desarrollo de Aplicaciones Multiplaforma. Profesionalmente se ha dedicado al desarrollo de aplicaciones web y a la administración y programación de bases de datos relacionales en empresas de los sectores público y privado.

Jacobo Pavón monta en el año 2003 junto a otros socios su primera empresa. En ella se encarga de la programación de las webs que desarrollan. Paralelamente, gracias a editorial Ra-Ma, tuvo la posibilidad de publicar lo que sería la primera edición de este libro. Antes de seguir su andadura emprendiendo diferentes negocios estuvo desarrollando su carrera como programador senior en diferentes empresas.

En la actualidad, desarrolla un negocio de Network Marketing en la empresa número uno del sector.

INTRODUCCIÓN

Con esta obra se pretende enseñar al lector cómo crear aplicaciones para sus páginas web. Para ello no es necesario ningún conocimiento de programación, ya que lo que se persigue con este libro es enseñar desde cero a programar las aplicaciones más avanzadas empleadas en portales de Internet. Se mostrarán todos los contenidos necesarios en cuanto a la programación en PHP y la utilización de la base de datos MySQL, esta última realmente útil y necesaria.

Con este lenguaje se consigue crear interactividad y webs dinámicas para lograr un mejor dinamismo entre páginas web.

Al lector no le resultará difícil aprender a crear sus propias aplicaciones para sus páginas web, porque, gracias a los ejemplos que se muestran y a los conocimientos que se adquieren al inicio de la lectura, será capaz de aprender y de modificar códigos a su gusto, según sus necesidades.

Sería de gran utilidad para el lector que tuviera unos conocimientos básicos de programación HTML, ya que, según se avance en la lectura, se irán introduciendo nuevos elementos como, por ejemplo, formularios; y tener una idea al menos básica de este lenguaje le será de ayuda.

1

PHP Y MYSQL

1.1 PHP

¿Qué es PHP?

PHP es un lenguaje de programación de alto nivel que se ejecuta y es interpretado en el servidor. Podemos encontrar este lenguage en páginas tan importantes como Facebook, Wordpress o Wikipedia.

¿Qué quiere decir que se ejecuta en el servidor?

Un lenguaje de servidor es aquel que se ejecuta en el servidor donde están alojadas las páginas, al contrario que otros lenguajes que son ejecutados en el propio navegador.

¿Qué ventajas tiene un lenguaje de servidor?

La principal ventaja es que, al ejecutarse el código en el servidor, todas nuestras páginas van a poder ser vistas en cualquier ordenador, independientemente del navegador que tenga. En cambio, el gran problema de que se ejecute el código en el navegador es que muchos navegadores no son capaces de entender todo el código, lo que presentaría errores al mostrar el resultado de las páginas.

¿Qué otras ventajas presenta el lenguaje PHP?

Principalmente que se trata de un lenguaje de programación gratuito y, por tanto, todo el mundo puede utilizarlo sin ningún coste, frente a otros lenguajes cuyo software es necesario comprar para su utilización.

En este libro tratamos el lenguaje PHP en su última versión, la 5.6.

En el gráfico de la figura 1.1 podemos ver el proceso que se realiza a la hora de visitar una página PHP.

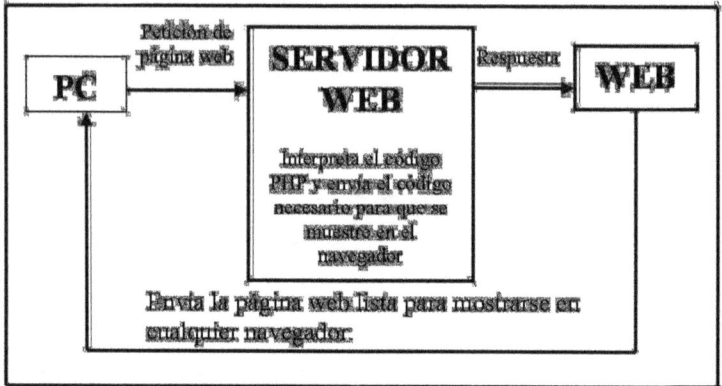

Figura 1.1

1.2 MYSQL

MySQL es, por otro lado, la base de datos elegida por la gran mayoría de los programadores en PHP. Soporta el lenguaje SQL y la conexión de varios usuarios, pero, en general, se utiliza para aplicaciones de tamaño pequeño-medio.

Al igual que PHP, su principal ventaja reside en que es una base de datos gratuita.

En este libro mostraremos cómo se instala y usa la base de datos MySQL con PHP. Para ello nos serviremos de la última versión existente de MySQL, la 5.6.

2

CONFIGURACIÓN DEL SOFTWARE NECESARIO

2.1 INSTALACIÓN Y CONFIGURACIÓN DE APACHE

Para instalar Apache, nos dirigiremos a la página web *http://httpd.apache.org/*, de donde podremos descargar directamente la última versión. Concretamente en el siguiente enlace: *http://www.apache.org/dyn/closer.cgi/httpd/binaries/*

El proyecto Servidor HTTP Apache en sí mismo no distribuye versiones ejecutables del software, solo el código fuente para compilarlo. Si no sabe compilar el servidor HTTP Apache usted mismo, puede obtener un paquete ejecutable en numerosas distribuciones disponibles en Internet.

Las opciones más extendidas para el despliegue de Apache httpd, y, opcionalmente, PHP y MySQL, en Microsoft Windows, son:

- XAMPP
- Bitnami WAMP
- WampServer

XAMPP es el entorno más popular de desarrollo con PHP. El paquete XAMPP es una distribución de Apache completamente gratuita y fácil de instalar que incluye Apache como servidor web, MySQL para la gestión de bases de datos relacionales y el intérprete del lenguaje PHP. Este paquete de instalación ha sido diseñado para ser fácil de instalar y usar. Actualmente XAMPP está disponible para Microsoft Windows, GNU/Linux, Solaris y Mac OS X.

Para facilitarle las cosas al lector describiremos los pasos de instalación del paquete XAMPP.

Lo primero que debemos hacer es descargarnos el archivo de instalación desde la página *https://www.apachefriends.org*, el cual ejecutaremos en nuestro sistema operativo. En nuestro caso, usaremos Windows. El instalador para la versión 5.6 de XAMPP es *xampp-win32-5.6.12-0-VC11-installer.exe*.

> ⓘ **NOTA**
>
> Es conveniente comprobar la versión actual del fichero que vayamos a descargar, ya que durante la edición del libro las versiones existentes eran las que aquí se citan, pero es muy probable que estas hayan sido actualizadas. Esto no varía en absoluto el resultado que obtengamos al seguir las explicaciones.

A continuación seguiremos los pasos del asistente de instalación, comenzando por seleccionar los componentes que nos interesen (Figura 2.1). Para seguir y desarrollar las explicaciones y los ejemplos necesitaremos instalar Apache como servidor web, MySQL para la gestión de bases de datos y el intérprete de PHP. Además será conveniente seleccionar phpMyAdmin. Esta herramienta, escrita en PHP, nos permitirá administrar y gestionar bases de datos MySQL mediante un entorno gráfico y desde nuestro navegador web.

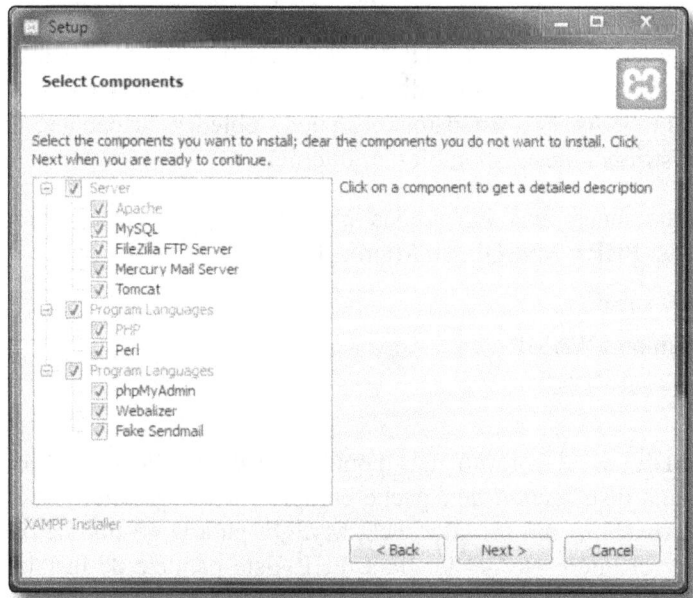

Figura 2.1

El siguiente paso del asistente nos pedirá el directorio donde deseamos instalar el paquete XAMPP. Podemos mantener la opción por defecto o seleccionar la ubicación del ordenador donde prefiramos instalarlo (Figura 2.2).

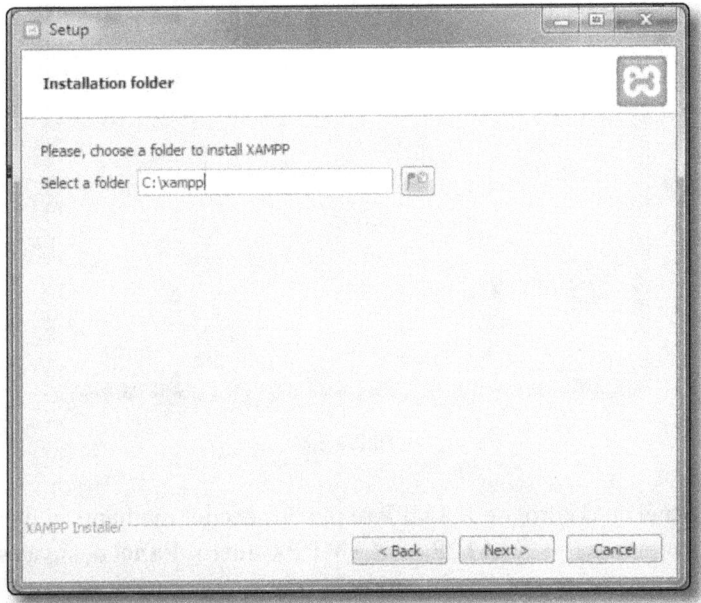

Figura 2.2

Completaremos la instalación pulsando el botón siguiente hasta que aparezca la barra de progreso. Prestaremos especial atención a no instalar ningún software o barras de herramientas para el navegador que no deseemos.

Una vez finalizada la instalación nos preguntará si queremos abrir el panel de control para configurarlo (Figura 2.3). Recomendamos dejar seleccionada la casilla para comenzar a configurar el software que acabamos de instalar.

Desde el **panel de control** podremos iniciar o detener los módulos instalados anteriormente y configurar dichos componentes (Figura 2.4).

Figura 2.3

Al panel de control de XAMPP se puede acceder mediante el menú de inicio **Todos los programas** → **XAMPP** → **XAMPP Control Panel** o, si ya está iniciado, mediante el icono del área de notificación.

El panel de control de XAMPP se divide en tres zonas (véase la figura 2.4):

- La **zona de módulos** (cuadrante superior del panel), que indica, para cada uno de los módulos de XAMPP, si está instalado como servicio, su nombre, el identificador de proceso y el puerto utilizado; incluye además unos botones para iniciar y detener los procesos, administrarlos, editar los archivos de configuración y abrir los archivos de registro de actividad (*logs*).

- La **zona de notificación** (parte inferior del panel), en la que XAMPP informa del éxito o fracaso de las acciones realizadas.

- La **zona de utilidades** (lateral derecha del panel), para acceder rápidamente a la configuración del editor de archivos de configuración (Config), comprobar los puertos que están ocupados en el sistema (Netstat), abrir la consola de comando (Shell), abrir la carpeta donde se encuentra instalado XAMPP (Explorer), verificar los servicios iniciados en el sistema (Services), ver la ayuda del programa (Help) y salir del programa (Quit).

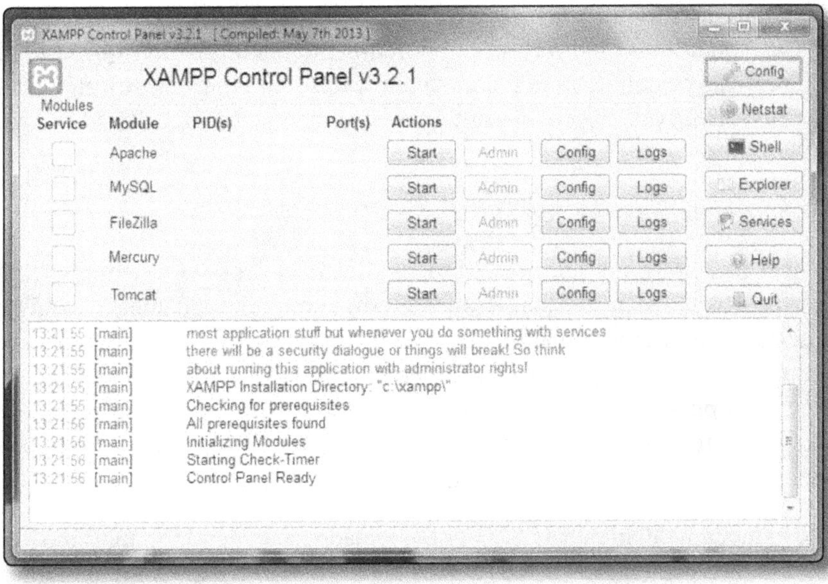

Capítulo 2. CONFIGURACIÓN DEL SOFTWARE NECESARIO

![Figura 2.4 - XAMPP Control Panel v3.2.1]

Figura 2.4

Ahora solo quedaría configurar el fichero **httpd.conf** para que Apache funcione según nuestras necesidades; para ello tendremos que editar dicho fichero pulsando el botón **Config** que aparece a la altura del módulo Apache del panel de control (véase la figura 2.5).

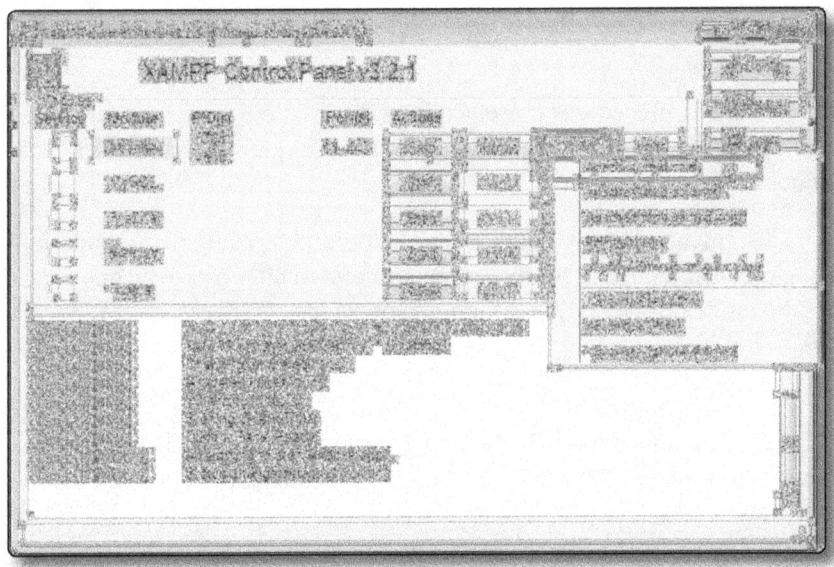

Figura 2.5

El archivo **httpd.conf** es el archivo principal de configuración de Apache HTTP. En él podremos modificar el comportamiento inicial del servidor web a través de las directivas de configuración correspondientes. Para más información detallada sobre estas directivas puede consultar la documentación oficial en la siguiente URL:

http://httpd.apache.org/docs/2.4/mod/directives.html

En principio, no será necesario modificar el archivo de configuración ya que las directivas están, de manera predeterminada, adecuadamente configuradas para que el servidor empiece a funcionar. Todo dependerá de la configuración actual de nuestro sistema operativo; concretamente, todo lo relacionado con los servicios inciados y los puertos que están siendo utilizados. Por dar un ejemplo, el puerto de escucha por defecto del servidor web es el 80; si este puerto se encontrara ocupado por otro programa, Apache no arrancaría.

Independientemente de lo antes comentado, consideramos oportuno nombrar y describir las principales directivas de configuración para familiarizarnos con el funcionamiento de Apache y con las posibles modificaciones que necesitemos realizar en un futuro.

La primera directiva que debemos comprobar en el fichero **httpd.conf** es la que indica al programa dónde buscar la carpeta raíz del servidor Apache. Por defecto será **ServerRoot** "C:/xampp/apache".

```
#
ServerRoot "C:/xampp/apache"
#
```

Las líneas precedidas por el carácter # son interpretadas como comentarios por Apache. Bastará con borrar dicho símbolo para que la directiva sea tomada en cuenta por el servidor.

La siguiente directiva que debemos comprobar es la que permite indicar el puerto de escucha, esta debería aparecer como **Listen 80**. En caso de que el puerto 80 lo esté utilizando otro servicio o programa, podemos cambiarlo por 81, 82, 83…

```
# Listen 12.34.56.78:80
Listen 80
```

Unas líneas más abajo del fichero, y después de pasar la lista de módulos que se cargarán al iniciar el servidor (LoadModule), localizamos el nombre del servidor: **ServerName**.

De manera predeterminada es *ServerName localhost:80*, aunque también podría ser *ServerName localhost:81*. En caso de tener que cambiar el puerto de escucha, tendremos que escribirlo en la barra de dirección del navegador cuando tengamos que comprobar el funcionamiento de una página en PHP.

```
# If your host doesn't have a registered DNS name,
# enter its IP address here.
#
ServerName localhost:80
```

El siguiente paso es configurar la ruta donde se guardarán y cargarán nuestras páginas. Para ello buscamos la cadena de texto: **DocumentRoot**.

Encontraremos algo así:

```
# DocumentRoot: The directory out of which you will serve your
# documents. By default, all requests are taken from this 3
# directory, but symbolic links and aliases may be used to
point to other locations.

DocumentRoot "C:/xampp/htdocs"

<Directory "C:/xampp/htdocs">
```

A continuación buscaremos la directiva **DirectoryIndex**, que nos permitirá establecer el orden en el que se va a ejecutar la página web de inicio.

Modificaremos esta línea para que quede así:

```
DirectoryIndex index.html index.htm index.php index.php3 in-
dex.php4 index.phtml index.html.var
```

Así, si crea varios directorios, al acceder a alguno de ellos, ejecute el *index* predeterminado si existe; de este modo evitará un mensaje de error.

Por último guardaremos los cambios para que surtan efecto. Si ya hubiésemos arrancado el servidor Apache, tendremos que **reiniciarlo** para que arranque con la nueva configuración.

2.2 CONFIGURACIÓN DE PHP

Los dos archivos principales de configuración son los archivos **httpd.conf** (Apache) y **php.ini** (PHP). Para editarlos se puede utilizar el panel de control de XAMPP, que los abre directamente en el Bloc de Notas. Para ello hay que hacer clic en el botón **Config** correspondiente a Apache; y hacer clic de nuevo en el archivo que se quiere editar (Figura 2.6).

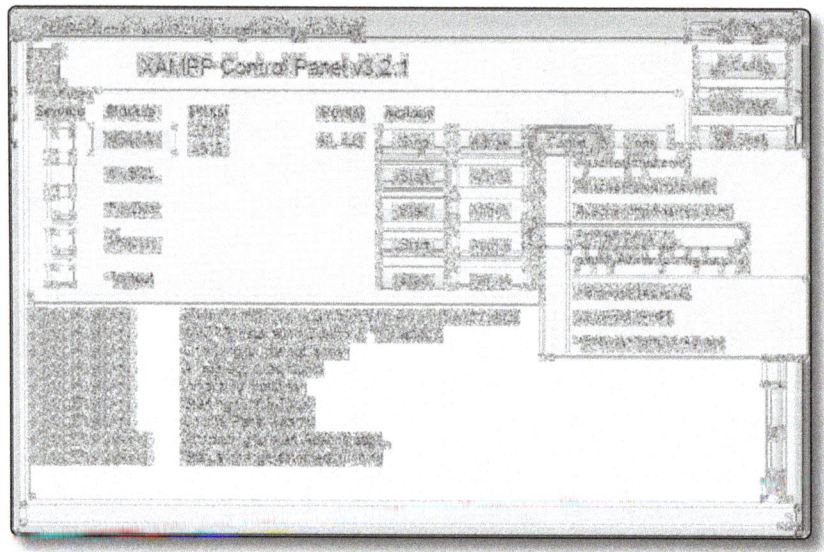

Figura 2.6

El siguiente paso es configurar el fichero **php.ini**. Para ello también podemos acceder a la carpeta **C:/php** o desde el panel de control mencionado antes. Abrimos este fichero con un editor de textos para poder modificarlo.

Igual que con el archivo *httpd.conf* para configurar Apache, con PHP ocurre lo mismo: XAMPP ya viene configurado de forma predeterminada para empezar a trabajar con páginas webs escritas en PHP sin necesidad de cambiar nada.

No obstante, describiremos las principales directivas de configuración del archivo **php.ini**.

Lo primero que buscamos es la cadena **register_globals**, cuyo valor es *Off*, valor que debemos modificar a *On*. Quedará algo así:

; register_globals to be on; Using form variables as globals can easily lead

; to possible security problems, if the code is not very well thought of.
register_globals = On

Con esta modificación lo que hemos hecho es admitir variables globales.

A continuación vamos a indicar a PHP dónde se guardan las extensiones. Para ello buscamos la cadena **extensión_dir** y la modificaremos para que quede así:

;Directory in which the loadable extensions (modules) reside.
extension_dir = "c:/php/ext"

Donde **C:/php/ext** es la ruta donde tenemos guardadas las librerías con la extensiones de PHP.

A continuación vamos a activar la extensión necesaria para que PHP nos permita manejar funciones relacionadas con MySQL. Para ello vamos a buscar la cadena de texto **Windows Extensions**.

Nos encontraremos varias extensiones, todas ellas en principio desactivadas, pero a nosotros la que ahora mismo nos interesa es la extensión en la que pone *;extension=php_mysql.dll*, donde deberemos quitar el ";" para poder activarla.

Por último, más adelante incluimos un ejemplo en el que se explica cómo crear una aplicación para subir ficheros al servidor. Para realizar este ejemplo es necesario indicar dónde queremos que se almacenen los ficheros que se suban al servidor. Para ello buscamos la cadena **upload_tmp_dir**.

Encontraremos algo así:

; Temporary directory for HTTP uploaded files (will use system default if not
; specified).
;upload_tmp_dir =
; Maximum allowed size for uploaded files.
upload_max_filesize = 2M

Y debemos cambiarlo para que quede de este modo:

; Temporary directory for HTTP uploaded files (will use system default if not
; specified).
upload_tmp_dir = "c:/ficheros/upload/"
; Maximum allowed size for uploaded files.
upload_max_filesize = 5M

Como se puede observar, hemos quitado el ";" delante de **upload_tmp_dir** y le hemos indicado la ruta donde queremos guardar los ficheros subidos (esta carpeta debemos crearla, ya que en principio no existe). Por último, hemos modificado el tamaño máximo de los ficheros que vamos a subir al servidor, de 2 M a 5 M, para evitar problemas si tenemos algún fichero algo mayor.

Una última modificación que haremos es indicar el directorio donde queremos que se almacenen los ficheros temporales de las sesiones. Para ello buscamos la cadena **session.save_path**.

Nos encontramos algo así:

; session.save_path = "N;/path"

Y lo modificamos para que quede de este modo:

session.save_path = "C:/ficheros/sesiones/"

Por último, debemos guardar el fichero **php.ini** y copiarlo en la carpeta Windows.

2.3 INSTALACIÓN Y CONFIGURACIÓN DE MYSQL

Como ya sabemos, el paquete XAMPP instala las principales tecnologías y herramientas para comenzar a desarrollar y publicar aplicaciones web dinámicas, a saber: servidor web Apache, intérprete de PHP y el gestor de bases de datos MySQL. Este último se ubica en la carpeta por defecto: **C:/xampp/mysql**. En concreto, la versión que se instala es MySQL 5.6.

> ⓘ **NOTA**
>
> Es conveniente comprobar la versión actual de MySQL, ya que durante la edición del libro las versiones existentes eran las que aquí se citan, pero es muy probable que estas hayan sido actualizadas. Esto no varía en absoluto el resultado que obtengamos al seguir las explicaciones.

Más adelante nos centraremos en la creación de las bases de datos, tablas, etc., que nos harán falta para acceder desde la página web *.php* a información guardada en una base de datos relacional. Para ello disponemos, con la instalación de XAMPP, de la herramienta gráfica **phpMyAdmin** para administrar y gestionar dichas bases de datos. En el siguiente capítulo vamos a centrarnos en esta herramienta.

2.4 INSTALACIÓN Y CONFIGURACIÓN DE PHPMYADMIN

Para acceder a **phpMyAdmin** nos dirigiremos a la barra de dirección de nuestro navegador web y escribiremos la URL *http://localhost/phpmyadmin/index.php*. Si todo va bien veremos algo así (Figura 2.7):

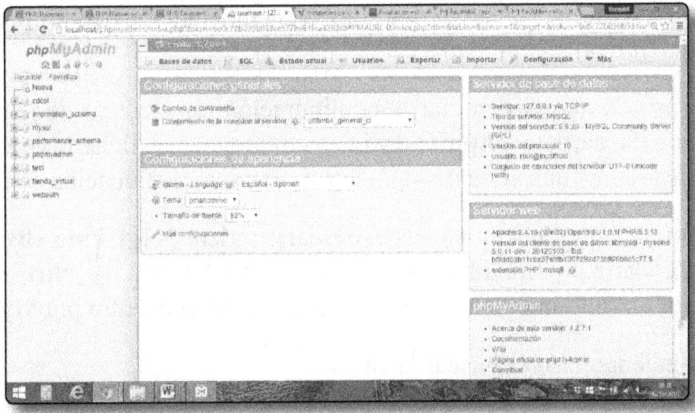

Figura 2.7

Más adelante podremos establecer una contraseña para acceder a **phpMyAdmin** y la ventana de inicio cambiará de aspecto cuando nos solicite que nos autentiquemos. El nombre por defecto y por convención para el usuario es *root* (véase la figura 2.8).

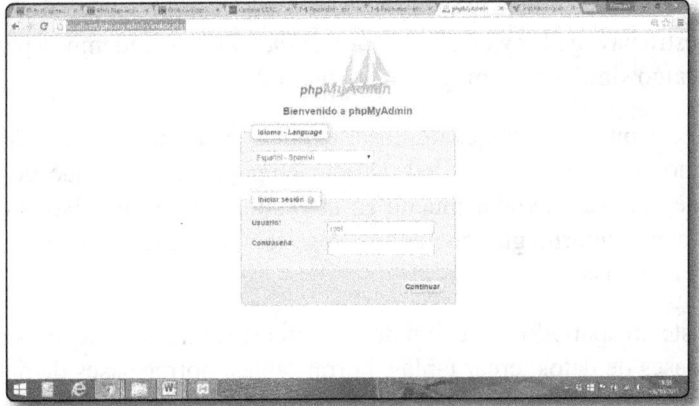

Figura 2.8

PhpMyAdmin es una herramienta de software libre escrita en PHP, su función principal es gestionar la administración de MySQL a través de Internet.

PhpMyAdmin permite realizar operaciones en MySQL tales como la gestión de bases de datos, tablas, columnas, relaciones, índices, usuarios, permisos, etc. Los comandos SQL pueden ser ejecutados a través de la interfaz gráfica de usuario y en el editor de sentencias SQL.

PhpMyAdmin cuenta con una amplia documentación que se puede consultar en *https://www.phpmyadmin.net/*.

En caso de querer cambiar la configuración por defecto de phpMyAdmin, accederemos a la carpeta **phpmyadmin** y editaremos el fichero **config.inc.php**, donde modificaremos una serie de parámetros, como a continuación se indica:

Lo primero que debemos hacer es buscar la cadena $**cfg['PmaAbsoluteUri']**= ' ' y modificarla, poniendo: **$cfg['PmaAbsoluteUri'] = 'http://localhost/ phpmyadmin'**; con lo que indicamos la ruta donde se encuentra phpMyAdmin.

El siguiente paso es buscar la cadena:

$cfg['Servers'][$i]['user']='root', donde debemos modificar el parámetro **'root'** por el usuario que utilizamos en MySQL.

Y, por último, buscamos la cadena:

$cfg['Servers'][$i]['password'] = ' ', donde introduciremos nuestra contraseña en el espacio entrecomillado.

Ya podemos utilizar phpMyAdmin. Para comprobar su funcionamiento, abrimos nuestro navegador y escribimos *http:///localhos*. Accedemos a phpMyAdmin y aparecerá algo similar a la imagen de la figura 2.7.

En el capítulo 12 empezaremos a explicar cómo trabajar con MySQL. Allí comenzaremos a manejar en detalle la aplicación phpMyAdmin, que, como veremos más adelante, nos va a ayudar mucho en la gestión de nuestras bases de datos, ya que gracias a este entorno gráfico nos va a resultar muy sencillo realizar todo tipo de operaciones con ellas.

Existe un apartado exclusivo donde aprenderemos a manejar esta aplicación para crear bases de datos, crear tablas, borrar tablas, borrar bases de datos, insertar registros, modificar registros, borrar registros y un sinfín de operaciones más.

2.5 OTRAS OPCIONES DE INSTALACIÓN

En este apartado se describirán dos aplicaciones de uso libre, muy sencillas de manejar, para trabajar con Apache, PHP, MySQL y phpMyAdmin. Se trata de WAMP y AppServer. Explicamos en el punto siguiente la instalación de WAMP.

2.5.1 WAMP

El pack WAMP se puede descargar de forma gratuita desde la web *http://www.wampserver.es*. En la sección **Download** encontraremos la versión más reciente para 32 y 64 bits: WAMP 2.2.

> (i) **NOTA**
>
> Es conveniente comprobar la versión actual del fichero que vayamos a descargar, ya que durante la edición del libro las versiones existentes eran las que aquí se citan, pero es muy probable que estas hayan sido actualizadas. Esto no varía en absoluto el resultado que obtengamos al seguir las explicaciones.

Con este pack dispondremos de inmediato de todas las aplicaciones necesarias para poder empezar a trabajar; en concreto, con esta última versión de WAMP 2.2, dispondremos de las siguientes versiones:

- Apache 2.2.22.
- PHP 5.4.3.
- MySQL 5.5.24.
- PhpMyAdmin 3.4.10.1.

Como podemos comprobar, existe una aplicación de la cual no hemos hablado hasta este momento: se trata del gestor de bases de datos SQLBuddy. No explicaremos esta aplicación, ya que con el resto de servicios que hemos presentado podemos realizar todo tipo de aplicaciones sin necesidad de emplear SQLBuddy.

Lo primero que debemos hacer es ejecutar el archivo que nos hemos descargado para instalar WAMP en nuestro ordenador. Una vez ejecutado, se mostrará la ventana de bienvenida (Figura 2.9). A continuación tendremos que seleccionar la carpeta donde queremos instalar la aplicación, por defecto nos aparece la carpeta **wamp**.

Figura 2.9

El siguiente paso en el proceso de instalación es indicar el nombre de la carpeta que queremos que aparezca en el menú de programas del menú **Inicio**; por defecto podemos dejar el que aparece: **WampServer**.

A partir de este punto seguiremos el método de instalación típico: "siguiente, siguiente…". En caso de que nos salte una alerta de seguridad de Windows solicitando permisos para Apache, le concedemos el permiso y lo desbloqueamos.

En la imagen siguiente vemos cómo configurar los parámetros de SMTP. Escribimos "localhost" y un correo electrónico (Figura 2.10).

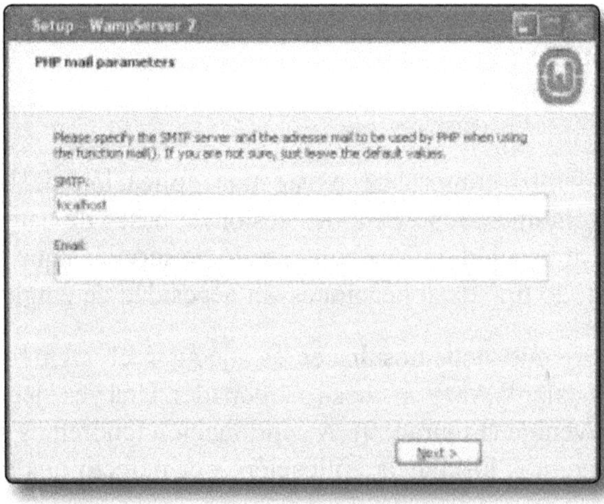

Figura 2.10

Pulsamos **Next** y nos encontramos con la última ventana del proceso de instalación de WampServer, en la que marcaremos la casilla **Launch WampServer 2 now** si deseamos que se nos ejecute automáticamente tras finalizar la instalación. Pulsamos **Finalizar**.

Ya tenemos instalada correctamente la infraestructura necesaria para poner en funcionamiento nuestras páginas web de forma local.

Si accedemos desde el navegador a la dirección *http://localhost*, nos encontramos con la siguiente imagen, que nos muestra que WampServer está correctamente instalado y funcionando (Figura 2.11).

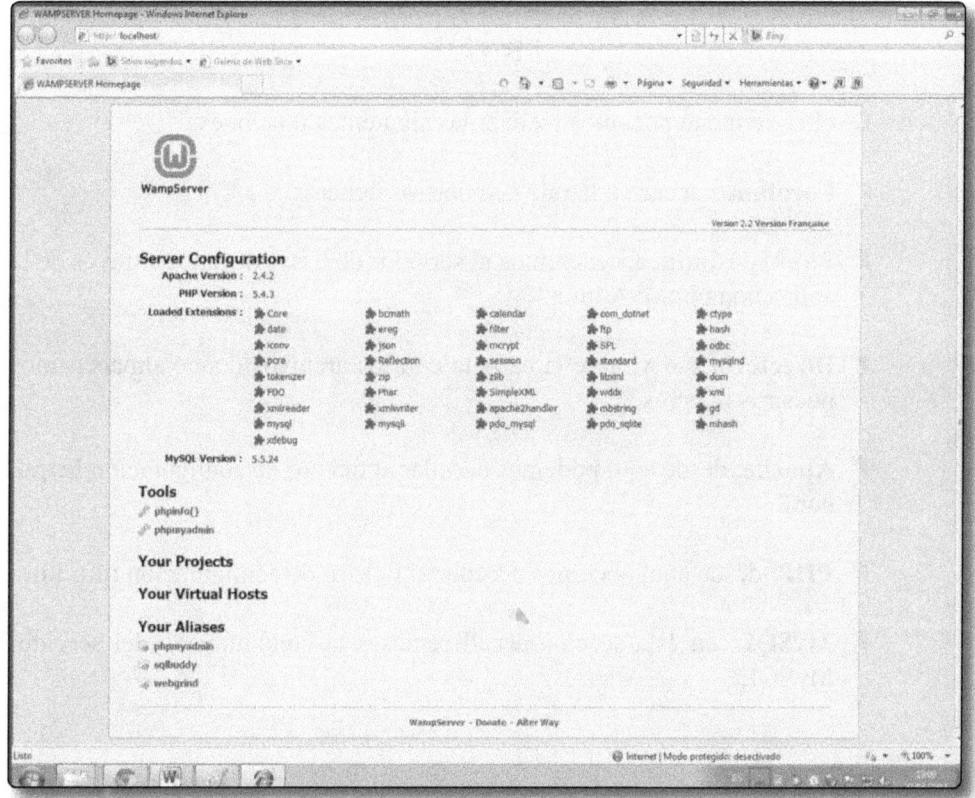

Figura 2.11

Si nos fijamos en la barra de tareas, veremos junto al reloj un nuevo icono: es el correspondiente a la instalación que hemos realizado de WAMP; si pulsamos sobre él con el botón izquierdo, podremos acceder a todos los servicios de nuestra nueva aplicación (Figura 2.12).

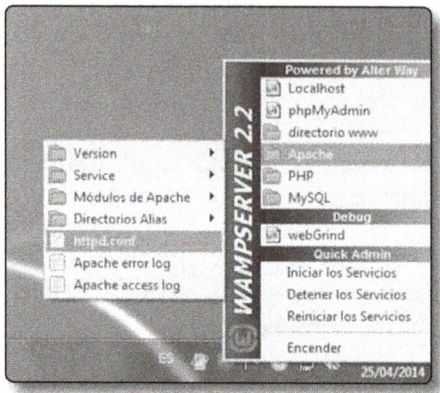

Figura 2.12

Desde este menú podemos realizar las siguientes funciones:

- **Localhost**: accede a la raíz de nuestros ficheros.

- **PhpMyAdmin**: accederemos al servidor de bases de datos a través de la aplicación phpMyAdmin.

- **Directorio www**: abre la carpeta con los archivos donde almacenamos nuestros ficheros.

- **Apache**: desde aquí podemos acceder al fichero de configuración **httpd.conf**.

- **PHP**: desde aquí podemos acceder al fichero de configuración **php.ini**.

- **MySQL**: en esta sección accederemos a la configuración del servidor MySQL.

2.5.2 AppServer

La otra opción es AppServer.

No entraremos en los detalles de instalación, ya que el proceso es prácticamente idéntico al de WAMP, por lo que lo único que se pretende en este apartado es describir esta nueva aplicación para que el usuario decida cuál cree más conveniente emplear para sus aplicaciones.

Para descargar AppServer accedemos a la dirección web *http://www.appservnetwork.com/?newlang=spanish*. Una vez ahí, seleccionamos la opción **Download**, que nos llevará a la web oficial del proyecto AppServ Open Project, desde donde podremos descargar la versión 2.5.10.

> 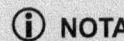 **NOTA**
>
> Es conveniente comprobar la versión actual del fichero que vayamos a descargar, ya que durante la edición del libro las versiones existentes eran las que aquí se citan, pero es muy probable que estas hayan sido actualizadas. Esto no varía en absoluto el resultado que obtengamos al seguir las explicaciones.

Por último, hay que indicar las versiones que contiene AppServer:

- Apache 2.2.8.
- PHP 5.2.6.
- MySQL 5.0.51b.
- PhpMyAdmin 2.10.3.

3

PRIMERAS PRUEBAS

Llegados a este punto, vamos a realizar las pruebas necesarias para comprobar que hemos instalado y configurado correctamente todo el software necesario para comenzar a trabajar.

Para ello iniciamos el servidor Apache en el botón **Start** del módulo. Si el arranque de Apache tiene éxito, el panel de control mostrará el nombre del módulo con fondo verde, sus identificadores de proceso (PID) y los puertos de escucha 80 y 443 abiertos (HTTP y HTTPS respectivamente [véase la figura 3.1]).

El botón **Start** se convertirá en el botón **Stop** y en la zona de notificación se verá el resultado de las operaciones realizadas. Cuando se pone en marcha por primera vez cualquiera de los servidores que instala XAMPP, el cortafuego de Windows pide al usuario que confirme la autorización.

Por ejemplo, la primera vez que se pone en marcha Apache mediante el botón **Start** correspondiente, como Apache abre puertos en el ordenador (por primera vez), el cortafuego de Windows pide al usuario confirmación. Para poder utilizarlo hace falta al menos autorizar el acceso en redes privadas.

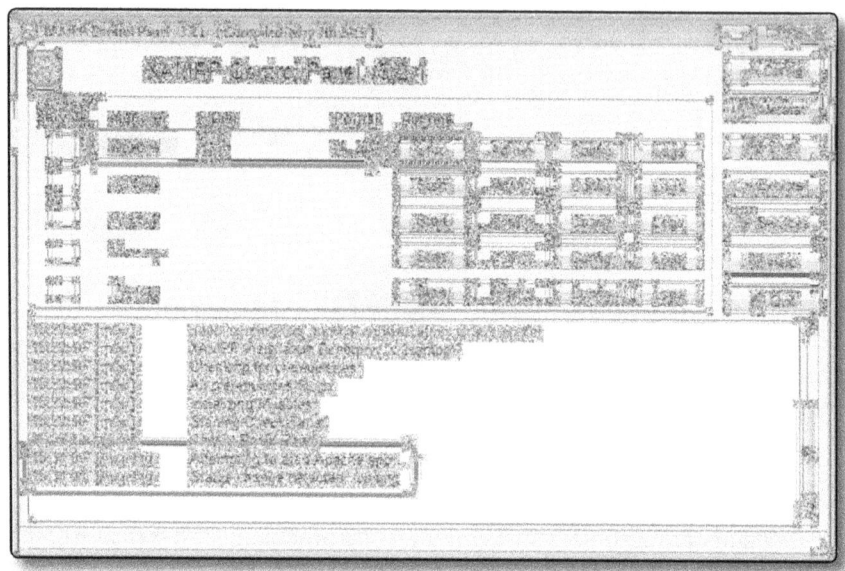

Figura 3.1

Para comprobar que las páginas web que creemos en PHP son interpretadas correctamente y se muestran en nuestro navegador, escribiremos en la barra de direcciones **localhost** o la dirección **IP 127.0.0.1**; deberíamos poder visualizar nuestra página perfectamente.

> (i) **NOTA**
>
> Las páginas web (archivos **.php**) con las que vayamos a practicar deben estar ubicadas en la carpeta **C:/xampp/htdocs/**. Esto es necesario para que nuestro servidor local (Apache) encuentre la página y la envíe a nuestro navegador. Si recordamos, la ruta anterior fue la que se especifica en la directiva **DocumentRoot** del fichero de configuración **http.conf** (página 26)

A continuación abriremos nuestro editor de páginas web y escribiremos una página muy sencilla con las siguientes líneas de código:

```
<?phpphp
   phpinfo ();
?>
```

Guardaremos este archivo con el nombre **prueba.php** en la carpeta **C:/xampp/htdocs/** (que es la que le indicamos al configurar el servidor Apache para que se almacenen los archivos que vamos creando).

Luego iniciaremos nuestro navegador habitual, donde teclearemos la dirección web **http://localhost**, que será la ruta para acceder desde nuestro navegador a los ficheros que tengamos almacenados en la carpeta configurada en el servidor web.

Tecleando esta ruta en el ordenador realizamos la misma operación que cuando navegamos por una página web en Internet, es decir, conectamos con un servidor que tiene almacenada una serie de ficheros o páginas web. En este caso es lo mismo, con la diferencia de que el servidor lo tenemos instalado en nuestro ordenador y nos va a servir para visualizar las páginas web programadas con PHP.

Una vez hayamos conectado con nuestro servidor a través del navegador, aparecerá una pantalla con los ficheros que tenemos almacenados en el mismo.

En este caso nos interesa pulsar sobre el fichero llamado **prueba.php**, que es el que acabamos de crear, para ver el resultado de este ejemplo.

En la figura 3.2 podemos ver el resultado de conectar desde nuestro navegador con el servidor cuando está funcionando Apache.

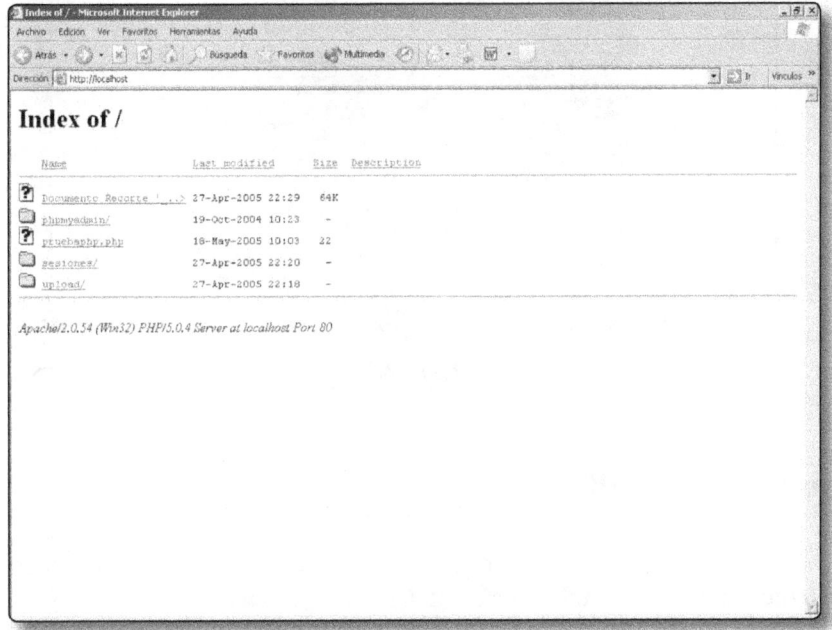

Figura 3.2

Para comprobar que todo se ha hecho correctamente y que realmente funciona, seleccionaremos el archivo creado anteriormente (**prueba.php**): se cargará una página con la configuración que tiene nuestro intérprete de PHP. Nos cercioraremos de que hemos configurado todo correctamente, por lo que podremos seguir creando páginas en PHP.

Al seleccionar el fichero **prueba.php**, aparecerá la configuración de PHP. Entre otras cosas, podremos ver datos de nuestro sistema y del servidor que utilizamos, la configuración que hemos hecho de PHP, del servidor Apache y de MySQL, así como otra serie de funciones extra de PHP. Así mismo, al final del documento, nos encontraremos información acerca de la licencia de PHP, que, como ya sabemos, se trata de software gratuito.

En la figura 3.3 podemos ver el resultado de seleccionar el fichero **prueba.php**.

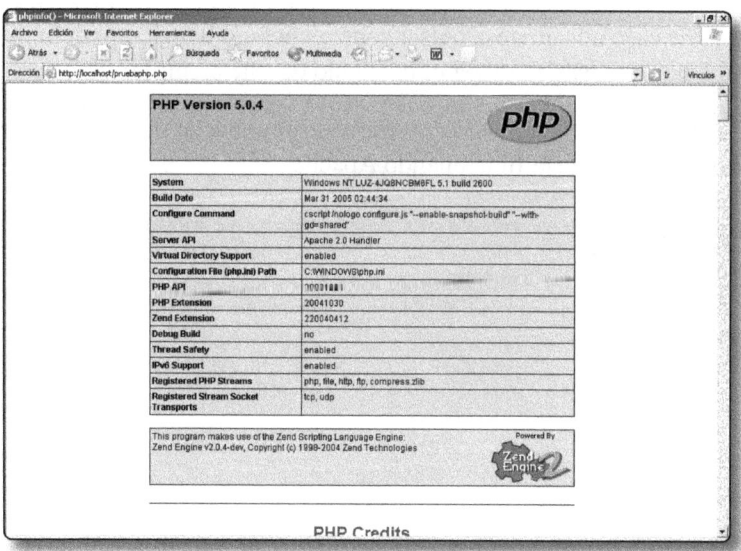

Figura 3.3

3.1 EMPEZANDO CON PHP

Entre otras muchas cuestiones que veremos más adelante, es importante saber indicar cuándo nos referimos a una instrucción PHP.

A continuación se muestran varias opciones:

<?php
Código PHP
?>

<%
Código PHP
%>
<?php
Código PHP
?>

<script language="php">
Código PHP

En los ejemplos que se desarrollan en este libro vamos a emplear siempre el formato:

<?php
Código PHP
?>

3.2 COMENTARIOS

Los comentarios en PHP, al igual que en cualquier otro lenguaje, son muy importantes, ya que ayudan a otras personas a comprender lo que hacemos con nuestras líneas de código, al igual que también nos ayudarán a nosotros cuando programemos una página web y, pasado un tiempo, queramos hacer modificaciones.

Los comentarios nos ayudarán a comprender de una forma sencilla cualquier parte del código.

Los comentarios que emplearemos pueden ser de cualquier tipo. Cada programador sigue unas pautas a la hora de realizar sus códigos y los hay que no utilizan los comentarios.

A personas que conozcan otros entornos de programación, como C o C++, no les resultará nada complicado aprender a introducir comentarios en PHP, ya que se hace exactamente igual que en esos lenguajes de programación.

En primer lugar, podemos utilizar //, pero solo nos servirá para hacer comentarios en una sola línea; si queremos utilizar varias líneas para realizar nuestros comentarios, utilizaremos para comenzar el comentario: /*, y para terminarlo: */.

3.3 EJEMPLO

<?php
phpinfo ();// Con este ejemplo vemos la configuración del intérprete
// de PHP, podemos comprobar qué parámetros tenemos activados o
// desactivados y, si disponemos de algún conocimiento, podremos
// modificar alguno de estos parámetros, al igual que hemos hecho
// anteriormente en los ficheros de configuración.
//Como podemos comprobar, esta forma de incluir comentarios en este
// ejemplo no es la más correcta, ya que utilizamos varias líneas y es
// menos eficaz, al tener que escribirlo ocupando un mayor espacio.
?>

Lo más correcto en este caso sería emplear /* */, ya que así evitamos tener que poner // cada vez que modifiquemos este comentario. Utilizando /* */ podemos modificar el texto del comentario sin tener que estar pendientes de agregar de nuevo el inicio del comentario con //.

<?php
phpinfo ();
/ Con este ejemplo vemos la configuración del intérprete de PHP, podemos comprobar qué parámetros tenemos activados o desactivados y, si disponemos de algún conocimiento, podremos modificar alguno de estos parámetros, al igual que hemos hecho anteriormente en los ficheros de configuración.*
*Como podemos comprobar, esta forma de incluir comentarios es más correcta, ya que al utilizar varias líneas es más eficaz que el ejemplo anterior. */*
?>

4

VARIABLES Y CONSTANTES

La forma de representar las variables en PHP es anteponiendo el símbolo $ a la palabra que utilizaremos como variable, es decir, cuando en un código PHP veamos algo que comienza por $, como por ejemplo **$variable**, sabremos que en esa línea estamos definiendo una variable.

Debemos prestar especial atención a las mayúsculas y minúsculas, ya que PHP reconoce la diferencia entre las dos; no es lo mismo escribir, por ejemplo, $valor que escribir $VALOR, ya que el simple hecho de cambiar cualquier letra por una mayúscula hará que estemos hablando de variables diferentes. Para asignar las variables, utilizaremos el símbolo "=".

¿Para qué se utilizan las variables? Un lenguaje de programación no tendría sentido sin el uso de las variables, ya que son la base de todo entorno de programación. Gracias a ellas podremos realizar operaciones aritméticas y operaciones con cadenas, así como todos los tipos de operaciones que a lo largo del libro veremos.

Las variables las utilizaremos como y cuando queramos en una misma página, ya que no existe limitación en cuanto a su uso.

Otra cuestión muy importante sobre el uso de las variables es que hay que prestar atención a no provocar errores por utilizar como variables palabras reservadas por el lenguaje PHP, ya que existen unas variables por defecto que no se pueden alterar. Por ejemplo, nunca podremos utilizar para definir una variable **$os**, ya que **$os** es una variable predefinida y no podremos utilizarla para asignarle un valor que nosotros queramos. Más adelante veremos algunas de estas palabras reservadas. También se debe evitar el error de empezar una variable por un número. Por ejemplo, si escribimos **$25variable = "12"**, estaríamos cometiendo un error, ya que hemos comenzado a nombrar la variable con un número.

Más adelante veremos cuáles son algunas de estas variables reservadas o predefinidas a las que no podemos asignar ningún valor; veremos también cuál es la utilidad que se les puede dar.

En PHP no es necesario especificar el tipo de variable, pero sí debemos saber cuándo utilizar comillas a la hora de definirlas, ya que dependiendo de si las utilizamos o no, estaremos hablando de una cadena o no.

Por ejemplo, para asignar el valor 5 a la variable **cuenta**, escribiremos: **$cuenta = 7**. Es decir, cuando queremos utilizar valores numéricos para asignar un valor a una variable, no es necesario entrecomillar el valor. Pero, por el contrario, si queremos asignar una palabra o una cadena a una variable, hay que entrecomillar el valor. Por ejemplo: **$nombre= "Alejandro"**.

4.1 MOSTRANDO VARIABLES

Podemos mostrar las variables en pantalla de varias maneras: una de ellas puede ser utilizando la opción **echo( )**; otra puede ser mediante **print( )**;. Más adelante y mediante ejemplos veremos que estas dos instrucciones realizan exactamente la misma función al ser ejecutadas.

4.2 EJEMPLO

```
<head>
<title>Creación de un portal con PHP y MySQL</title>
</head>
<?php
$a = 5; // Asignamos a la variable a el valor 5 (numérico).
$b = "7"; /* Asignamos a la variable b el valor 5 como cadena, es decir,
la variable b no podrá ser utilizada para realizar operaciones aritméticas,
ya que, aunque contenga el valor 5, lo reconocerá como una cadena de
texto, no como un valor numérico. */
echo "<b><h1>"; /* Con esta línea hacemos que el texto que aparece en
pantalla se muestre en negrita y con tamaño de letra grande. */
echo ($a); // Mostramos en pantalla el valor 5, que es la variable a.
echo "<br>" /* Realizamos un salto de línea para poder visualizar las dos
variables por separado. */
echo ($b); // Mostramos en pantalla el valor 5, que es el valor de la variable b, pero la diferencia con la variable $a es que $b la podemos utilizar
como una cadena.
echo "</b></h1>";
?>
```

Guardaremos este ejemplo en nuestra carpeta de ficheros con el nombre **ejemplo4-1.php**.

Al ejecutar este ejemplo en nuestro navegador, podremos ver que el resultado que obtenemos en pantalla son los valores 5 y 7, separados por un salto de línea. El salto de línea se ha puesto para separar las dos variables.

El resultado de ejecutar en nuestro navegador el fichero **ejemplo4-1.php** podemos verlo en la figura 4.1.

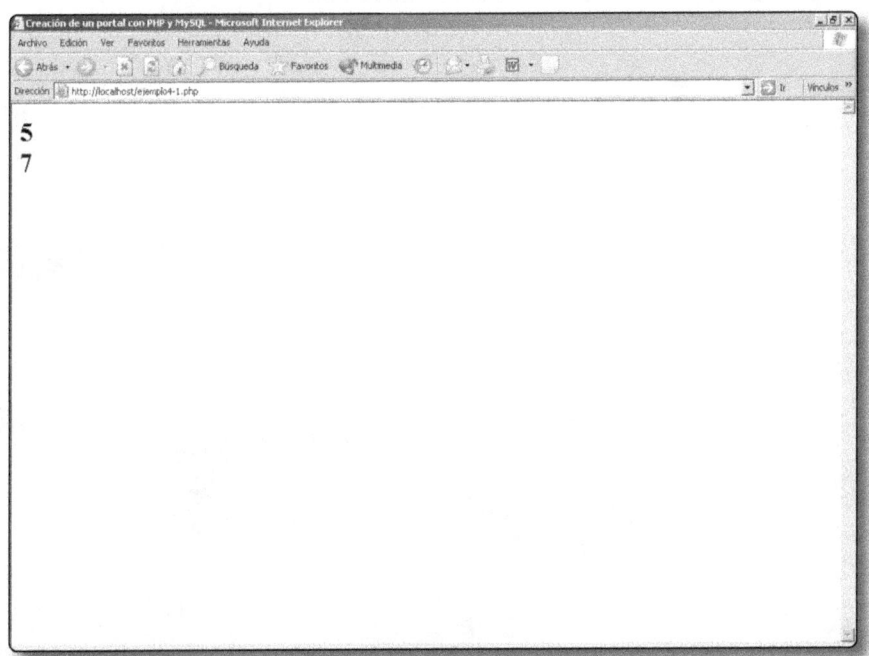

Figura 4.1

4.3 CONSTANTES

La primera y gran diferencia que existe entre las variables y las constantes es que las últimas van a tener un valor fijo, es decir, su valor no se va a poder modificar durante la ejecución de una página. Por el contrario, una misma variable puede tomar varios valores en una misma ejecución.

La forma de definir las constantes es mediante el uso de la instrucción **define**. Su sintaxis será *define ("nombre_variable", "valor_variable")*.

4.3.1 Ejemplo

<head>
<title>Creación de un portal con PHP y MySQL</title>
</head>
<?php
define ("capitalespana" , "Madrid"); /* capitalespana tendrá durante la ejecución de la página siempre el valor Madrid. */
define ("habitantes" , 4.000.000); /* habitantes tendrá durante la ejecución de la página siempre el valor 4.000.000. */
?>

5

OPERADORES

Los operadores son utilizados para realizar operaciones con variables y constantes. Podemos distinguirlos en cinco bloques diferentes: aritméticos, de comparación, lógicos, de unión de cadenas y de asignación. A continuación vamos a ver cada uno de ellos con unos ejemplos para comprobar cuál es su funcionamiento.

5.1 OPERADORES ARITMÉTICOS

Dentro del bloque de los operadores aritméticos podemos distinguir siete clases diferentes que se muestran en la siguiente tabla, donde, además, hemos asignado a las variables **$x** y **$z** los valores 8 y 4, respectivamente, para poder ver el resultado que se obtiene al realizar las operaciones aritméticas con estos operadores aritméticos.

Operador	Operación	Sintaxis	Resultado
+	Suma	$x + $z	12
-	Resta	$x - $z	4
*	Multiplicación	$x * $z	32
/	División	$x / $z	2
%	Módulo (resto de la división)	$x % $z	0
++	Incremento (incrementa en 1)	$x++	9
--	Decremento (decrementa en 1)	$z--	3
**	Exponenciación	$z**2	16

5.1.1 Ejemplo

```
<head>
<title>Creación de un portal con PHP y MySQL</title>
</head>
<?php
$x = 9;
$y = 3;
$z = 5;
$suma = $x + $y;
$resta = $x - $ z;
$multiplicacion = $suma * $resta;
$final = $multiplicación ++;
echo $multiplicacion; /* Si analizamos, paso a paso, las operaciones que
realizamos, hemos de llegar al resultado de 49. Paso a paso: (9 + 3) *
(9 – 5) = 48 ++ si lo incrementamos en 1 = 49, que es el resultado que se
mostrará al ejecutar la página. */ ?>
```

5.2 OPERADORES DE COMPARACIÓN

Los operadores de comparación se utilizan para comprobar el resultado de una operación. El resultado que obtenemos de estas operaciones será *True*, en caso de ser verdadero, y *False*, en caso de ser falso.

Dentro de los operadores de comparación podemos distinguir siete operadores. Para realizar la siguiente tabla, asignamos valores a las variables $x = 6$ y $z = 4$.

Operador	Operación	Sintaxis	Resultado
==	Igual ($x y $z tienen el mismo valor)	$x == $z	False
===	Idéntico ($x y $z tienen el mismo valor y además son del mismo tipo)	$x === $z	False
!=	Diferente ($x y $z son de diferente valor)	$x != $z	True
<	Menor ($x menor que $z)	$x < $z	False
>	Mayor ($x mayor que $z)	$x > $z	True
<=	Menor o igual ($x menor o igual que $z)	$x <= $z	False
>=	Mayor o igual ($x mayor o igual que $z)	$x >= $z	True

5.2.1 Ejemplo

<head>
<title>Creación de un portal con PHP y MySQL</title>
</head>
<?php
$x = 5;
$y = 4;
echo ($x == $z); /* Nos mostrará en pantalla el valor False, ya que las variables x e y no son iguales.*/
echo ($x >= $z); /* Nos mostrará en pantalla el valor True, ya que la variable x, como podemos comprobar, es mayor que y.*/
?>

5.3 OPERADORES LÓGICOS

Los operadores lógicos son utilizados para combinar varias condiciones y para que las diferentes condiciones puedan ser evaluadas con una sola expresión.

Podemos distinguir seis operadores lógicos diferentes que podemos ver en la siguiente tabla:

Operador	Operación	Sintaxis	Resultado
&&	Y ($a y $b)	$a && $b	True (si $a y $b son verdaderos)
AND	Y ($a y $b)	$a AND $b	True (si $a y $b son verdaderos)
||	O ($a o $b)	$a || $b	True (si $a o $b son verdaderos)
OR	O ($a o $b)	$a OR $b	True (si $a o $b son verdaderos)
XOR	O exclusiva ($a o (exclusiva) $b)	$a XOR $b	True (si $a es verdadero o $b es verdadero, pero no los dos)
!	Negación	!$a	True (si $a no es verdadero)

Como se puede observar en la tabla anterior, las operaciones && y AND equivalen a la misma operación; lo mismo ocurre con || y OR. Son dos sintaxis diferentes, pero con un mismo resultado final.

5.3.1 Ejemplo

```php
<head>
<title>Creación de un portal con PHP y MySQL</title>
</head>
<?php
$x = 4;
$y = 5;
if (($x==4) && ($y==5))
{
print ("Estás en lo correcto");
}
echo '<br>';
if (($x==4) OR ($y==3))
{
print ("La segunda operación también es correcta");
}
?>
```

Al probar este ejemplo en nuestro navegador, obtendremos en pantalla el mensaje "Estás en lo correcto" y otro que dirá "La segunda operación también es correcta". Nos podemos preguntar por qué se imprimen los dos mensajes. En el primer caso, si la variable *x* es igual a 4 y la variable *y* es igual a 5, muestra el mensaje "Estás en lo correcto"; en la segunda operación se imprime el mensaje "La operación también es correcta", ya que si *x* es igual a 4 o *y* es igual a 3, lo imprime.

5.4 OPERADORES DE UNIÓN DE CADENAS

Este operador, como bien dice su nombre, se encarga de unir cadenas.

Para unir cadenas es necesario, al menos, disponer de dos variables para que se produzca la unión de las mismas; también podemos utilizar una misma variable en varias ocasiones para la unión de cadenas. Como se puede ver en el siguiente ejemplo, tenemos cinco variables con las que hacemos una unión de cadenas. Para la unión de cadenas mediante variables se emplea el punto (.).

5.4.1 Ejemplo

```php
<head>
<title>Creación de un portal con PHP y MySQL
</title>
</head>
<?php
$t = 'Ejemplo';
$w = 'unión';
$x = 'de';
$y = 'cadenas';
$z = ' ';
$resultado1 = $t;
$resultado2 = $t . $z . $x . $z . $w . $z . $x . $z . $y;
echo '<b><h1>';
echo $resultado1; // Insertamos una cabecera.
echo '<hr>';
/* Con esta línea insertamos una línea horizontal, que puede ser utilizada
para dividir textos o imágenes en nuestras páginas web. En este caso, lo
utilizamos para dividir un titular de la web, con el ejemplo de unión de
cadenas. */
echo $resultado2;
/* Mostramos en pantalla el resultado de la variable $resultado, que, como
podemos ver, contiene la frase: "Ejemplo de unión de cadenas". */
echo '</b></h1>';
?>
```

En este ejemplo hemos realizado la unión de varias palabras mediante la operación de unión de cadenas. También podemos observar cómo una misma variable puede ser empleada tantas veces como se desee en una misma página, es decir, la palabra ejemplo y el carácter espacio, que en realidad son dos variables, son utilizadas más de una vez en la misma página.

En la siguiente imagen (Figura 5.1) podemos ver el ejemplo de ejecutar este fichero en nuestro navegador.

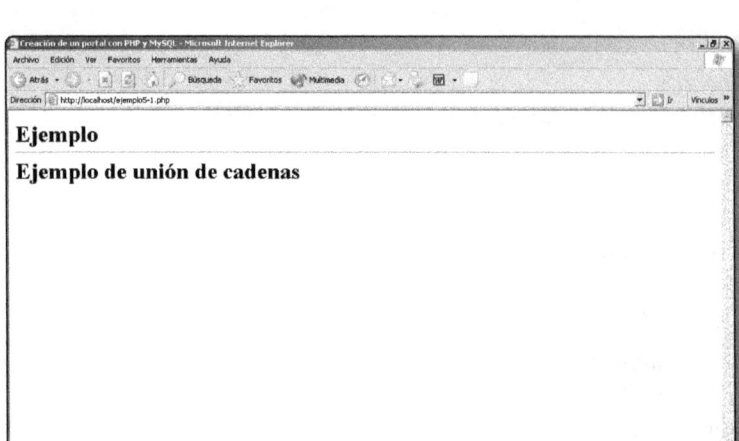

Figura 5.1

6

ESTRUCTURAS DE CONTROL

Las estructuras de control son instrucciones utilizadas en programación para ejecutar una serie de acciones en las aplicaciones que creamos.

6.1 INSTRUCCIONES CONDICIONALES

Con este tipo de instrucciones lo que hacemos es ejecutar una parte del código si se cumple una determinada condición.

Tenemos varias instrucciones de condición:

- **Instrucción *If*.** Esta instrucción se utiliza para hacer preguntas. Si la pregunta se cumple en la condición, se ejecutará el código que contiene.

  Pongamos un ejemplo: en nuestro lenguaje es como si dijéramos "**Si** tengo más de 18 años, soy mayor de edad". Es decir, si se cumple la condición, será que eres mayor de edad; de lo contrario, no podrás ser mayor de edad.

- **Instrucciones *else* y *else if*.** Estas dos instrucciones se utilizan cuando el resultado obtenido es falso tras un *if*. Por ejemplo, como en el caso anterior, si dijéramos: "**Si** tengo más de 18 años, soy mayor de edad". Si esta condición fuera falsa, es decir, si, por ejemplo, tuviéramos 15 años, no se mostraría nunca el texto "soy mayor de edad"; si es así, podemos establecer otra condición posterior y mostrar un texto en caso de ser falso el resultado de la primera condición. Por ejemplo, podemos decir: "**Si** tengo más de 18 años, soy mayor de edad. **Si no**, soy menor de edad".

La forma de referirnos a las instrucciones condicionales será poniendo entre paréntesis la condición y cerrando con corchetes la parte de código que queremos que se ejecute si se cumple la condición, como a continuación se muestra:

<?php
If (condición) {
Hacer esto
Y esto
.....
.....
.....
Tantas como queramos
}
?>

6.1.1 Ejemplo 1

<head>
<title>Creación de un portal con PHP y MySQL</title>
</head>
<?php
$color = "rojo"; // Asignamos a la variable color el valor rojo.
if ($color = "rojo")
{
/* Le preguntamos si la variable color es igual a rojo y efectivamente así es, por lo que se ejecuta la siguiente parte de código que está dentro de la condición. */
print ("Efectivamente, el color es rojo"); /* Como se cumple la condición, se mostrará este mensaje en pantalla. */
}
?>

En la siguiente imagen (Figura 6.1) podemos ver el resultado del ejemplo anterior en nuestro navegador.

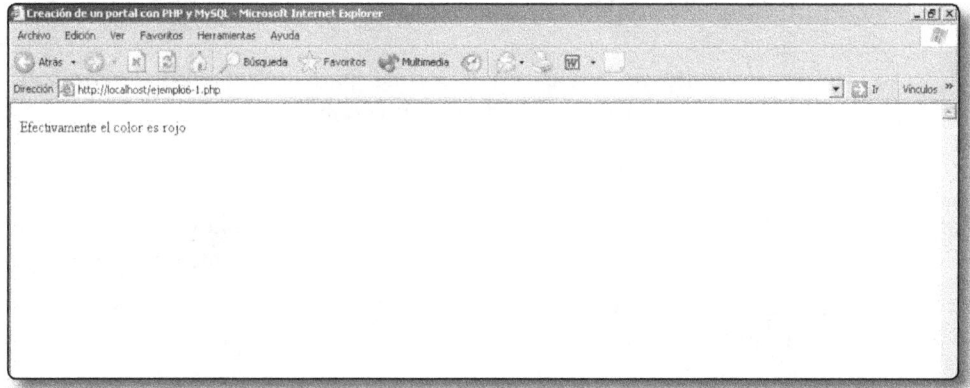

Figura 6.1

6.1.2 Ejemplo 2

```
<head>
<title>Creación de un portal con PHP y MySQL</title>
</head>
<?php
$x = 10;
$y = 15;
if ($x = $y)
{ // Si x es igual que y, muestra el siguiente mensaje.
print ("X e Y son iguales"); /* Este mensaje no se muestra, ya que x e y no son iguales. */
}
elseif ($x > $y)
{ /* Si x es mayor que y, muestra el siguiente mensaje.*/
print ("X es mayor que Y"); /* Este mensaje no se muestra, ya que x no es mayor que y. */
}
elseif ($x < $y)
{ /* Si x es menor que y, se muestra el siguiente mensaje. */
print ("X es menor que Y"); /* Este mensaje sí se mostrará en pantalla, ya que x es menor que y. */
}
?>
```

6.2 INSTRUCCIONES DE BUCLE

Las instrucciones de bucle son utilizadas para ejecutar un determinado número de veces un código o cuando se cumple una condición.

Tenemos varias instrucciones de bucle:

- **Instrucción *while***. Indica que mientras no se cumpla una determinada condición, no se saldrá del bucle y no saltará a la siguiente línea de código.

    Por ejemplo, nosotros diríamos: "**Mientras** tu edad no sea 18 años, no serás mayor de edad".

- Otra de las instrucciones de bucle es ***do...while***, que lo que hace es ejecutar una parte de código mientras no se cumpla una condición.

    Por ejemplo, en nuestro lenguaje podríamos decir "Serás un menor **mientras** no tengas más de 18 años".

- Por último, la **instrucción *for*** será la utilizada para ejecutar un bucle un determinado número de veces (hasta que se cumpla una condición). Esta instrucción está formada por tres partes: la primera, que será donde inicializaremos la variable; la segunda, donde se establece la condición que queremos que se cumpla; y una última, donde iremos modificando el valor de la variable.

6.2.1 Ejemplo 1

```
<head>
<title>Creación de un portal con PHP y MySQL</title>
</head>
<?php
$x = 10;
while (--$x)
{
// Decrementa en 1 la variable x.
echo "<big>"; /* Con esta línea vamos incrementando el tamaño de la fuente.*/
echo "<b>";
print ("Número: " . $x);
// Mostrará en pantalla "Número ..." desde el 9 hasta el 1.
echo "<br>";
echo "<hr>";
}
?>
```

Con esta pequeña aplicación lo que mostraremos en pantalla es:

Número 9

....

Número 1

Podemos ver este ejemplo en la figura 6.2:

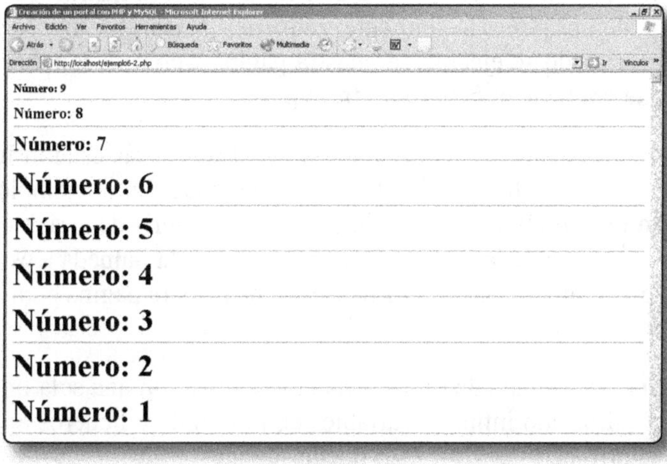

Figura 6.2

6.2.2 Ejemplo 2

```
<head>
<title>Creación de un portal con PHP y MySQL
</title>
</head>
<?php
for ($x = 5; $x = 10; $x++)
{
/* Inicializamos la variable x a 5 y le decimos que hasta que no llegue a 10
no salga del bucle, para que cada vez que haga el bucle, lo incrementemos
en 1. Es decir, incrementamos x en 1, desde su valor inicial 5, hasta que
llegue a tomar el valor 10.*/
print ("Número: " .$x . "<br>");  /* Cada vez que haga el bucle escribirá
en pantalla:
Número: 5
Número: 6
   ........
Hasta llegar al 9.*/
}
?>
```

6.3 OTRAS INSTRUCCIONES

Distinguiremos entre otras tres instrucciones: *require ( )*, *include ( )* y *switch*.

La **instrucción** *require ( )* sirve para incluir ficheros en nuestras páginas y solo será necesario hacer referencia a este fichero con la instrucción *require ( )*. Por ejemplo, podemos poner lo siguiente: **require ("texto.php");** y lo que hará esta línea de código cuando se ejecute en nuestra página web será solicitar al fichero la información que contiene el fichero **texto.php**.

Se usa principalmente para definir variables, y estas estarán listas una vez hagamos una llamada al fichero donde estén guardadas. En el ejemplo anterior, en el fichero **texto.php**, podremos tener almacenadas una serie de variables que podrán ser utilizadas a lo largo de la página, ya que, con hacer la llamada a este fichero, las variables que este contiene pasan a formar parte de nuestra página para ser utilizadas en cualquier momento.

La principal ventaja de esta instrucción es que con una sola línea de código podemos estar utilizando infinitas variables en multitud de ficheros a la vez, con el consiguiente ahorro de líneas que esto puede suponer.

Tiene una desventaja: no se puede utilizar en un bucle para llamar a diferentes ficheros.

El funcionamiento de la **instrucción** *include ( )* es igual que el de la instrucción *require ( )*, con la diferencia de que sí puede procesar el código tantas veces como llamemos a esa página externa. Su sintaxis será igual que la de *require ( )*. Por ejemplo: **include ("texto.php")**.

Por último, la **instrucción** *switch* se utiliza para comprobar un dato entre varias posibilidades.

6.3.1 Ejemplo 1

```
<?php
$x = "Incluyendo";
$y = "ficheros";
$z = " ";
?>
```

Este código lo podemos guardar en un fichero con el nombre **variables.php**. Y, a continuación, lo incluiremos en la siguiente página que vamos a crear.

```
<head>
<title>Creación de un portal con PHP y MySQL</title>
</head>
<?php
include ("variables.php");
/* Utilizamos el fichero variables.php, que es el que anteriormente hemos
creado. */
echo "<br>";
echo "<br>";
print ("$x" . "$z" . "$y");
/* Mostramos en pantalla el texto "Incluyendo ficheros", que es el resulta-
do de unir las variables que hemos definido en el fichero "variables.php".
*/
?>
```

Podemos ver el resultado de ejecutar este ejemplo en la siguiente imagen (Figura 6.3).

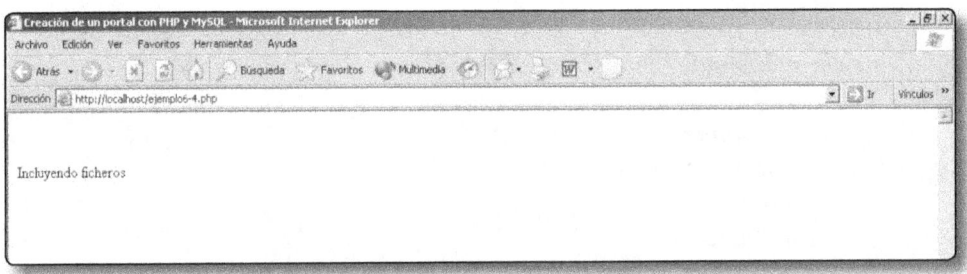

Figura 6.3

Como podemos comprobar, la principal ventaja de utilizar estas instrucciones es ahorrar líneas de código, ya que el fichero **variables.php** lo podemos utilizar en las páginas que queramos, con el correspondiente ahorro de líneas de código en cada una de ellas.

Además, no siempre tenemos por qué utilizar todas las variables que contenga el fichero **variables.php**, ya que, por ejemplo, además de todas las variables que hemos definido anteriormente, podemos tener otras cinco variables, que serán utilizadas en otros ficheros que no tendrán nada que ver con el anteriormente creado. Por ejemplo, podemos tener el fichero **variables.php** de la siguiente forma:

```
<?php
$x = "Incluyendo";
$y = "ficheros";
```

```
$z = " ";
$a = 3;
$b = 7;
$c = 5;
$d = 12;
$e = 9;
?>
```

Este fichero podrá llamarse igualmente **variables.php**, en sustitución del anterior, y no hay ningún problema en que haya otras variables que no vamos a utilizar en el ejemplo que hayamos creado anteriormente.

6.3.2 Ejemplo 2

```
<head>
<title>Creación de un portal con PHP y MySQL</title>
</head>
<?php
$color = "negro";
switch ($color)
    {
    case "blanco":
        $sector = "claro";
        break;
    case "naranja":
        $sector = "normal";
        break;
    case "negro":
        $sector = "oscuro";
        break;
    }
print ($sector);
/* Mostrará en pantalla el valor oscuro, que es el que se corresponde con
la variable $color = "negro". */
?>
```

Lo que hacemos con este código es comprobar una variable que definimos con algunos valores mediante la instrucción *switch* (las comprueba una por una, independientemente de que la primera o cualquier otra sean las válidas). Una vez que ya ha terminado de analizar cada caso, le diremos que nos muestre cuál es la correcta.

7

FUNCIONES

Una función es un bloque de código que introducimos en nuestra página y que puede ser utilizado a lo largo de todo nuestro código PHP. La principal ventaja de las funciones es que nos permiten ahorrar código.

7.1 FUNCIONAMIENTO

Para definir funciones se emplea la sentencia *function*. Por ejemplo, para definir una función escribiríamos *function suma ($x)*.

Las funciones pueden recibir tantos argumentos como sean necesarios, separándolos con comas.

7.1.1 Ejemplo 1

```
<head>
<title>Creación de un portal con PHP y MySQL</title>
</head>
<?php
echo "<h1>";
function suma ($x, $y)
{
$z = $x + $y;
return $z;
}
$resultado = suma (5,12);
```

```
/* Vamos a utilizar la función suma, asignando a las variables x e y los
valores 5 y 12 respectivamente. */
echo "<br>";
echo $resultado;
// Nos devuelve el resultado, en este caso, 17.
echo "</h1>";
?>
```

7.1.2 Ejemplo 2

```
<head>
<title>Creación de un portal con PHP y MySQL</title>
</head>
<?php
function suma ($suma)
{
// Creamos la función, en este caso, la función suma.

return $suma + $suma;
// Devuelve el resultado de la suma.
}
print ("Suma: " . suma (5) );
/* Sacará en pantalla el resultado de utilizar la función con la variable
$suma tomando el valor 5. */
?>
```

El resultado de ejecutar el ejemplo del apartado 7.1.1. podemos verlo en la siguiente imagen (Figura 7.1).

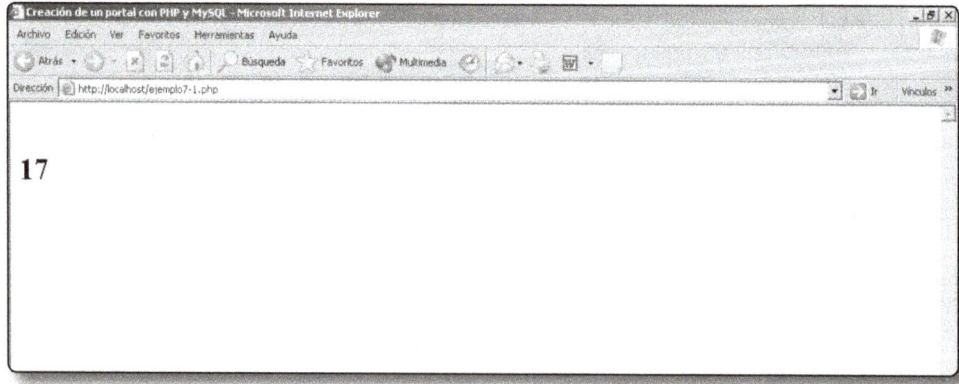

Figura 7.1

7.2 ALCANCE DE LAS VARIABLES

Cuando hablamos del alcance de las variables nos referimos a qué partes del código podemos acceder de las mismas. Al hablar de este nuevo término introducimos dos nuevos conceptos: variables globales y variables locales.

Las **variables globales** son aquellas que tienen un mismo valor durante toda la ejecución de una página web, pero podemos encontrarnos con una variable con el mismo nombre definida dentro de una función. Esta será una **variable local**, y su valor solo será válido mientras ejecutemos la función; fuera de la función será válido el valor de la variable global.

Mediante ejemplos entenderemos mejor su funcionamiento.

7.2.1 Ejemplo 1

<head>
<title>Creación de un portal con PHP y MySQL</title>
</head>
<?php
$var = 5;
function suma ( )
{
$var = 12;
}
suma ( );
echo "<br>";
echo "<br>";
print ($var);
/* En este caso concreto se mostrará en pantalla el valor 5, ya que en este caso la variable $var es global, porque al modificar la variable $var con valor 12, solo afecta a la función.
*/
?>

7.2.2 Ejemplo 2

```
<head>
<title>Creación de un portal con PHP y MySQL</title>
</head>
<?php
$var = 5;
function suma ( )
{
$var = 12;
print ($var);
/* Por el contrario, en este ejemplo se mostrará en pantalla el valor 12, ya que estamos mostrando la variable como variable local y estamos diciendo que nos muestre el contenido de la variable dentro de la función. */
}
?>
```

8

FUNCIONES PARA MANIPULAR CADENAS

A lo largo de este capítulo comentaremos varias funciones de PHP que están especialmente destinadas a manipular cadenas de texto.

Explicaremos aquí ocho de estas funciones, aunque existen otras muchas, ya que nos serán de gran utilidad a la hora de manipular cadenas de texto.

8.1 FUNCIÓN SUBSTR ( )

Para usar esta función utilizaremos obligatoriamente al menos dos argumentos: el primero será la cadena de texto que vayamos a tratar y el siguiente será el que nos indique la posición a partir de la cual nos devolverá la cadena de texto que estemos tratando.

En definitiva, con esta función lo que conseguimos es mostrar la parte que nos interesa de una cadena de texto.

8.1.1 Ejemplo

<head>
<title>Creación de un portal con PHP y MySQL</title>
</head>
<body bgcolor = "#303030">
<?php
/* Color de fondo de la página; en este caso sería un gris oscuro. */
?>
<body text = "#A0A0A0">

```
<?php
/* Color de la fuente; en este caso, el color sería un plata. */
?>
<body leftmargin = "200">
<?php
/* Distancia del eje horizontal a partir de la cual se muestra el texto o imágenes (en este caso, a partir de 200 píxeles hacia la derecha). */
?>
<body topmargin = "200">
<?php
/* Distancia del eje vertical a partir del cual se muestra el texto o imágenes (en este caso, a partir de 200 píxeles hacia abajo). */
?>
<font face = "Tahoma">
<?php
/* Tipo de fuente que utilizamos; en este caso seleccionamos Tahoma. */ ?>
<font size = "3">
<?php
// Tamaño de la fuente.
?>
<hr size = "9" color = "FFFFFF" width = "30%" align = "left">
<?php
/* Con esta última línea insertamos una línea horizontal, de un tamaño vertical (size) de 9 píxeles, en color blanco (FFFFFF), un tamaño horizontal del 30% (width) y alineada a la izquierda (align="left"). */
/* Con todas estas líneas hemos empezado a dar formato a nuestras páginas. Como podemos ver, mejoramos su vistosidad añadiendo pequeños detalles tales como cambiar el color de fondo de la página web, el color de la fuente, el tamaño y el tipo. */
print (substr ("Bienvenido al Portal de Coches", 14));
print ("<br>");
print (substr ("Bienvenido al Portal de Coches", -6));
?>
<hr size = "9" color = "ffffff" width = "30%" align = "left">
```

El resultado de este ejemplo se puede ver en la figura 8.1.

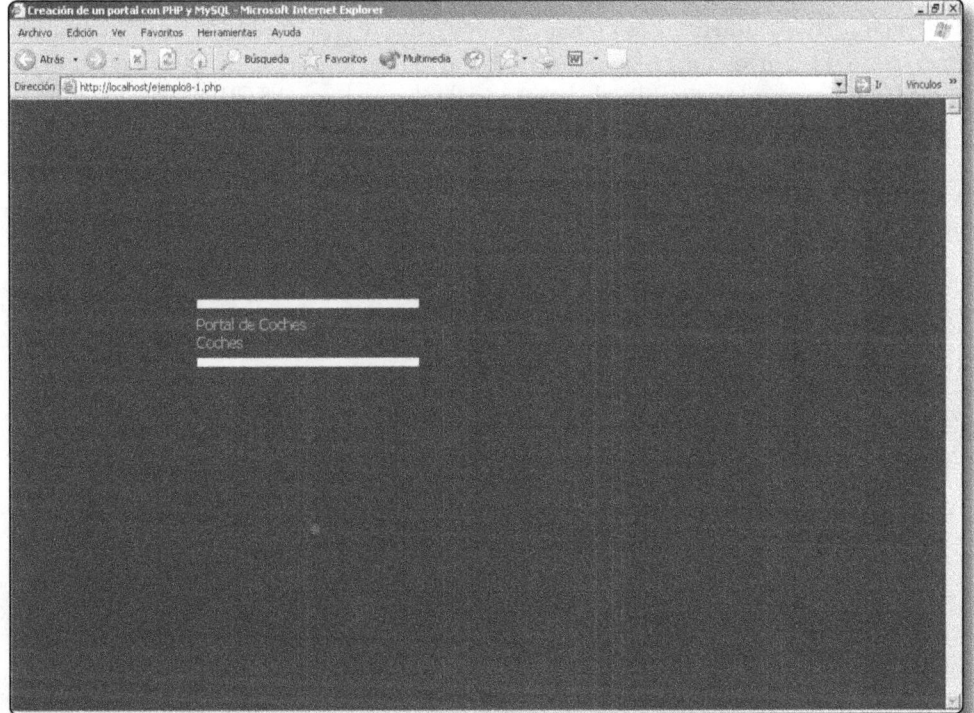

Figura 8.1

Con este ejemplo que hemos creado conseguimos mostrar en pantalla dos mensajes. El primero de ellos muestra el resultado: *Portal de Coches*, porque le hemos indicado que nos empiece a mostrar a partir del carácter número 14 de la cadena de texto. El siguiente mensaje de texto que aparece es *Coches*, porque al indicarle el número 6 con un "–" delante, hacemos que empiece a descontar al contrario, desde el lado derecho de la cadena de texto.

8.2 FUNCIÓN ORD ( )

La función **ord ( )** tiene un cometido muy peculiar: convertir código ASCII a caracteres.

Es decir, le indicamos un carácter en código ASCII y nos mostrará el correspondiente carácter. Esto puede ser muy útil a la hora de utilizar la unión de cadenas, y si, por ejemplo, queremos tabular un texto que se muestra en pantalla, guardaremos en una variable el correspondiente carácter ASCII y solo tendremos que hacer una llamada a esa variable cada vez que queramos tabular un texto.

8.2.1 Ejemplo

```
<head>
<title>Creación de un portal con PHP y MySQL</title>
</head>
<body bgcolor = "#303030">
<body text = "#A0A0A0">
<body leftmargin = "20">
<body topmargin = "20">
<font face = "Tahoma">
<font size = "3">
<hr size = "9" color = "FFFFFF" width = "40%" align = "left">
<?php
for ($i=1; $i<=255; $i++)
{
/* Incrementamos la variable $i desde 1 hasta 255, para poder representar todos los caracteres. */
print ("ASCII: ".$i." -< caracter: ". chr($i). "<br>");
/* Mostramos en pantalla cada código ASCII con su correspondiente carácter. */
}
?>
```

Con este ejemplo, lo que hacemos es crear un listado con los 255 códigos ASCII y sus correspondientes caracteres.

El resultado de ejecutar este ejemplo en el navegador se puede ver en la figura 8.2.

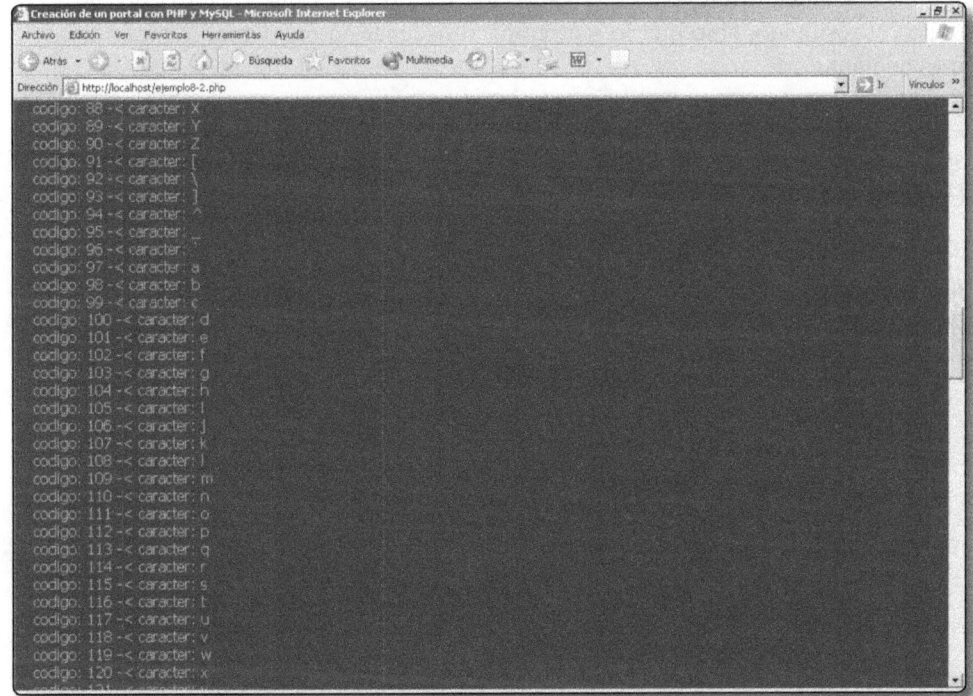

Figura 8.2

8.3 FUNCIONES PRINTF ( ) Y SPRINTF ( )

Estas dos instrucciones tienen la misma función: construir cadenas de texto en función de las instrucciones que se muestran en la siguiente tabla. Para utilizar esta tabla mostramos la instrucción *printf* o *sprintf* y la variable a mostrar precedida de la letra correspondiente a la función que queremos que realice.

Instrucción	Acción
b	Devuelve entero binario
d	Devuelve entero decimal
c	Devuelve carácter ASCII correspondiente
f	Devuelve decimal (utiliza signo decimal)
s	Devuelve cadena

La única diferencia entre estas dos funciones es que *sprintf()* no mostrará nunca el resultado, sino que lo podremos almacenar en una variable para utilizarla más adelante.

Estas dos instrucciones irán siempre acompañadas del símbolo "%", que será necesario utilizar en su sintaxis, es decir, su sintaxis puede ser algo así: *printf* ("%b", $variable).

8.3.1 Ejemplo

<head>
<title>Creación de un portal con PHP y MySQL</title>
</head>
<body bgcolor = "#303030">
<body text = "#A0A0A0">
<body leftmargin = "20">
<body topmargin = "20">
<font face = "Tahoma">
<font size = "3">
<hr size = "9" color = "FFFFFF" width = "40%" align = "left">
<?php
$edad = "25 años";
printf ("%d", $edad);
?>

En el ejemplo anterior, mostraremos en pantalla el valor *25 (se omite la palabra* años*)*, ya que al utilizar la función *printf* junto con la instrucción *%d*, extraemos de la variable *$edad* el valor decimal de esa variable. Podemos ver el resultado de ejecutar este ejemplo en la figura 8.3.

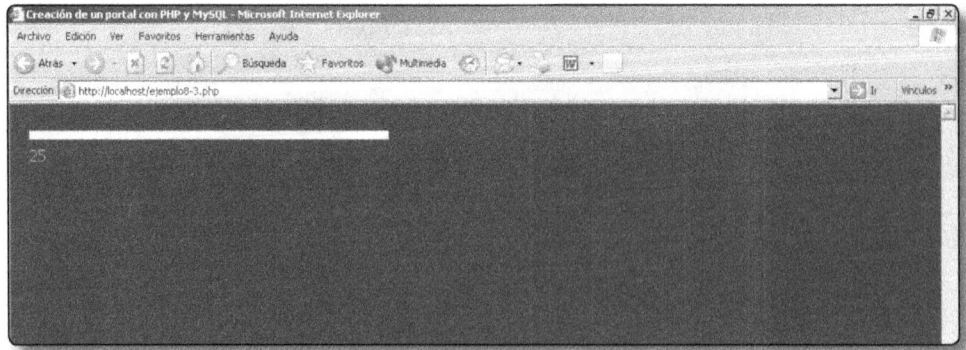

Figura 8.3

8.4 FUNCIONES STRTOLOWER ( ) Y STRTOUPPER ( )

Estas dos funciones tienen la misión de convertir en mayúsculas [*strtoupper ( )*] o en minúsculas [*strtolower ( )*] una cadena de texto.

Su utilidad está muy definida. Las emplearemos si, por ejemplo, queremos destacar un titular o, simplemente, convertir todo el texto o parte de una página web. Con estas dos instrucciones convertiremos el texto a minúsculas o mayúsculas, según nuestras necesidades en cada caso.

8.4.1 Ejemplo

```
<head>
<title>Creación de un portal con PHP y MySQL</title>
</head>
<body bgcolor = "#303030">
<body text = "#A0A0A0">
<body leftmargin = "200">
<body topmargin = "200">
<font face = "Tahoma">
<font size = "3">
<hr size = "9" color = "FFFFFF" width = "40%" align = "left">
<?php
$var = "Pepito";
print "Texto en minúsculas:";
echo "<br>";
echo ( strtolower ($var));
/* Esta función mostrará en pantalla el resultado siguiente: pepito. Es
decir, nos ha convertido toda la cadena Pepito a minúscula.*/
echo "<br>";
echo "<br>";
print "Texto en mayúsculas:";
echo "<br>";
echo (strtoupper ($var));
/* Esta función mostrará en pantalla el resultado siguiente: PEPITO. Es
decir, nos ha convertido toda la cadena de texto Pepito a caracteres en
mayúscula.*/
?>
<hr size = "9" color = "FFFFFF" width = "40%" align = "left">
```

Con el ejemplo anterior lo que hacemos es convertir una variable a minúsculas y mayúsculas.

En la siguiente imagen (Figura 8.4) podemos ver el resultado de ejecutar este ejemplo.

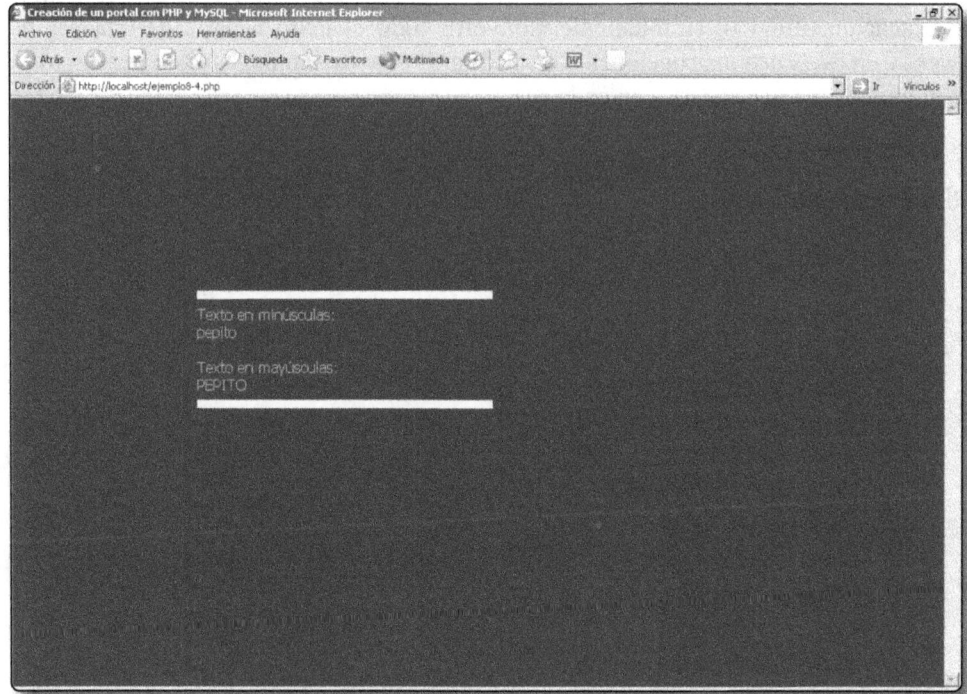

Figura 8.4

8.5 FUNCIONES EREG ( ) Y EREGI ( )

Estas dos funciones son muy interesantes, en especial para emplearlas en formularios, ya que muchas veces el usuario no completa bien los campos de un formulario al introducir el *e-mail*, porque no pone bien el símbolo "@", aunque se nos pueden ocurrir infinidad de ideas a las que aplicarlas.

La diferencia entre estas dos funciones es que *eregi ( )* no diferencia entre mayúsculas o minúsculas, algo que al rellenar un formulario nos puede ser indiferente, ya que lo que nos interesa es recibir un texto legible.

8.5.1 Ejemplo

A continuación vamos a crear un ejemplo en el que supuestamente tenemos una variable que ha tomado el campo *e-mail* de un formulario y vamos a comprobar que este es correcto ¿Cómo? Pues como anteriormente indicábamos, comprobando que se ha escrito correctamente el carácter "@". Este método no será del todo fiable, ya que aun así se pueden seguir equivocando a la hora de escribir el *e-mail*, pero sí es un paso importante para evitar un fallo muy común como es el escribir mal el símbolo "@".

```
<head>
<title>Creación de un portal con PHP y MySQL</title>
</head>
<?php
$mail = "pepe@dominio.com";
/* En este caso hemos puesto una variable con el contenido pepe@dominio.com, para comprobar el funcionamiento de la función eregi ( ), pero lo normal es que el contenido de la variable $mail lo obtengamos de un formulario.*/
if ( eregi ( "@", $mail))
{
print ("Los datos insertados en el formulario son correctos");
/* Si no se encontrase el carácter @ en la variables $mail, se mostraría este mensaje, es decir que es correcta la dirección de e-mail.*/
}
else {
print ("La dirección de e-mail no es correcta; por favor, vuelva a introducirla");
/* Si no se encuentra el carácter @ en la variable $mail, se mostrará este mensaje, es decir que la dirección de correo que se ha introducido no es correcta.*/
}
?>
```

/* En este caso, evidentemente, se mostrará el primer mensaje, es decir: "Los datos insertados en el formulario son correctos", porque sabemos el valor de la variable $mail y sabemos que contiene el carácter @. Pero cuando diseñemos un formulario para que inserten sus datos los usuarios, puede ser que se equivoquen y no lo introduzcan bien, por lo que el segundo mensaje les advertirá del error al introducir el e-mail. Para ver que este ejemplo funciona con una dirección de correo electrónico incorrecta, podemos probarlo también poniendo como valor a la variable $mail. Por ejemplo, $mail=pepemidominio.com; veremos que se nos muestra el mensaje de error en la dirección de correo electrónico introducida.*/

9

MANEJO DE FICHEROS

PHP ofrece una extensa gama de funciones para acceder a ficheros; funciones que se pueden utilizar para abrir, guardar, leer, modificar ficheros, etc. Mención especial merece la función de subir ficheros a un servidor. Por ejemplo, subir una fotografía a una página web para utilizarla en un foro; o si tenemos una página web que se dedica a promocionar personas para una agencia de modelos, esta será muy buena opción para recibir las fotografías de nuestros usuarios.

A continuación vamos a ver instrucciones utilizadas en PHP para manejar ficheros, así como una tabla en la que se explica cuál es el funcionamiento, según el valor que tome la instrucción.

▶ Función **fopen ( )**: se utiliza para abrir ficheros. Debemos prestar atención a la siguiente tabla a la hora de abrir ficheros, ya que, según el valor que elijamos, se darán unos permisos u otros a la hora de trabajar con ficheros.

▶ Función **fclose ( )**: cuando hemos utilizado un archivo, debemos terminar cerrándolo, para lo que utilizaremos esta función.

Valor	Descripción
a	Abre el fichero solo para añadir datos. Si el fichero no existe, se creará.
a+	Abre el fichero para añadir y leer datos. Si el fichero no existe, se creará.
r	Abre el fichero solo para lectura.
r+	Abre el fichero para lectura y escritura.
w	Abre el fichero para escritura. Si el fichero no existe, se creará.
w+	Abre el fichero para escritura y lectura. Si el fichero no existe, se creará.

▼ Función **fread ( )**: se utiliza para mostrar solo determinadas partes de un fichero. Esta función necesitará, además, un segundo argumento, que determinará la cantidad de caracteres que se desea leer del fichero al que estamos accediendo.

▼ Función **fwrite ( )**: es utilizada para escribir ficheros. Primero hay que abrirlo, según se explicó anteriormente, prestando atención a que para escribir debemos utilizar permiso de escritura (es decir, los que llevan el símbolo +).

9.1 DIRECTORIOS

Como hemos visto anteriormente con los ficheros, también podremos trabajar con directorios. Una de las principales funciones para manejar directorios es la instrucción **chdir ( )**, que determinará el nuevo directorio que queramos especificar para trabajar (en nuestro caso, el directorio con el que trabajamos por defecto es el que determinamos al haber configurado inicialmente PHP y el servidor Apache, en el cual guardamos las páginas que vamos creando).

Funciones **mkdir ( )** y **rmdir ( )**: son funciones utilizadas para crear y para borrar directorios, respectivamente. El único parámetro que añadiremos a estas funciones es el de especificar el nombre del directorio que queramos crear o borrar.

9.1.1 Ejemplo 1

En este ejemplo vamos a abrir un fichero solo para su lectura, fichero que se encuentra en nuestro disco duro (hablamos de nuestro disco duro, ya que debemos recordar que por el momento estamos trabajando en modo local). Para este ejemplo hemos creado un fichero llamado **texto.txt** y lo hemos guardado en el directorio **c:/ficheros/**, es decir, donde guardamos los ficheros PHP.

```
<head>
<title>Creación de un portal con PHP y MySQL
</title>
</head>
<?php
$abre = "c:/ficheros/texto.txt";
/* Determinamos el fichero y la ruta donde se encuentra. En este caso el
fichero es texto.txt y se encuentra en c:/ficheros/. */
if (fopen ($abre, r))
```

```
{
/* Abrimos ese fichero en modo lectura, para lo que utilizamos el paráme-
tro "r". */
print ("El fichero se ha abierto.");
/* Si lo encuentra y lo puede abrir, se muestra este mensaje.*/
}
else
{
print ("El fichero no se encuentra.");
/* Si no lo encuentra o no lo puede abrir, se muestra este otro mensaje. */
}
?>
```

9.1.2 Ejemplo 2

En este ejemplo vamos a crear un directorio en nuestro disco duro.

```
<head>
<title>Creación de un portal con PHP y MySQL
</title>
</head>
<?php
$nuevodirectorio = "nuevo";
mkdir ($nuevodirectorio);
/* Nuevo será el nombre del directorio que hemos creado con la instruc-
ción mkdir.*/
?>
```

9.2 SUBIR FICHEROS AL SERVIDOR

Esta es una de las posibilidades que mayor funcionalidad y dinamismo da a nuestras páginas web, ya que nos permite subir cualquier tipo de documento al servidor, aunque también, como programadores, podremos limitar mediante condiciones el que solo se suban los ficheros que cumplan unos requisitos que nosotros fijemos.

Para poder utilizar esta función debemos crear un formulario para recibir estos ficheros.

Cuando bajamos un fichero a nuestro servidor en modo local, lo colocaremos de forma temporal en el directorio que le hemos determinado en el fichero **php.ini**, en este caso el directorio será **c:/ficheros/upload/**. En cambio, cuando trabajemos con un servidor que se encuentra en Internet y en el que alojamos nuestras páginas web, el tratamiento puede ser diferente, ya que podemos almacenar estos ficheros en el mismo servidor o, por ejemplo, hacer que nos lleguen mediante un mensaje a nuestro correo electrónico.

9.2.1 Ejemplo

Con este ejemplo lo que hacemos es crear en HTML un formulario para enviar las fotografías a otra página PHP, en este caso **guarda.php**, que será la que procese el fichero que le enviamos.

```
<head>
<title>Creación de un portal con PHP y MySQL
</title>
</head>


<body bgcolor = "#303030">
<body text = "#FFFFFF">
<body leftmargin = "60">
<body topmargin = "60">
<font face = "Tahoma">
<font size = "3">
<form enctype="multipart/form-data" action="recepcion.php" method="post">
<input type="hidden" name="lim_tamano" value="500000">
<b>
<font size="6">
Formulario para el envío de ficheros:
</b>
</font size>
<p><b>Archivo a transferir<b><br>
<input type="file" name="archivo"></p>
<p><input type="submit" name="enviar" value= "Aceptar"> </p>
</form>
</head>
<b>Instrucciones de uso: Pulse el botón Examinar y seleccione el archivo que desee y luego pulse el botón Enviar.
</b>
```

En la figura 9.1 vemos el resultado de ejecutar este ejemplo.

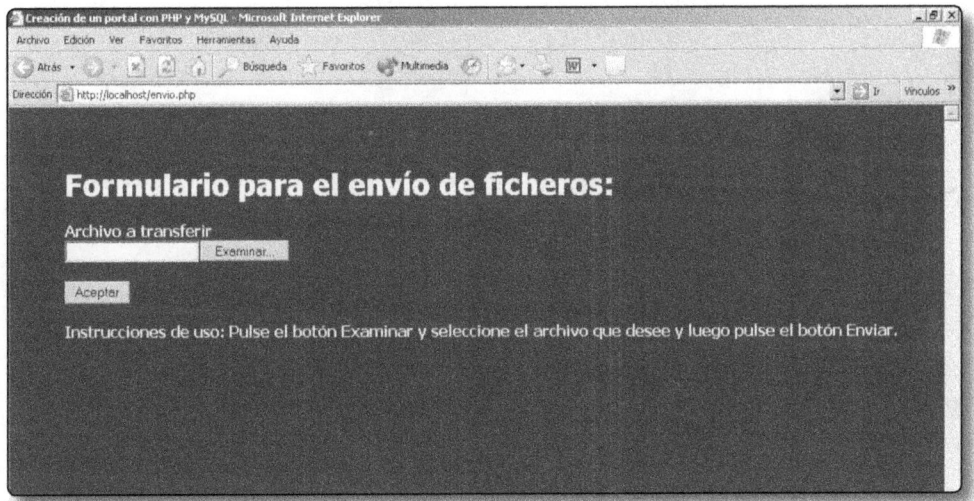

Figura 9.1

Ahora solo nos quedaría crear un fichero llamado, por ejemplo, **recepcion.php**, en el que le diremos qué debe hacer con el fichero que hemos subido con el formulario creado anteriormente. En este caso, el código que vamos a crear nos va a dar información del fichero que hemos subido y, además, se encargará de almacenarlo en nuestra carpeta temporal.

```
<head>
<title>Creación de un portal con PHP y MySQL
</title>
</head>
<body bgcolor = "#303030">
<body text = "#FFFFFF">
<body leftmargin = "60">
<body topmargin = "60">
<font face = "Tahoma">
<font size = "3">
<?php
if ($archivo != "none" AND $archivo_size != 0 AND $archivo_size<=$lim_tamano){
if (copy ($archivo, "c:/ficheros/upload/".$archivo_name)) {
echo "<h2>Se ha transferido el archivo $archivo_name</h2>";
/* Indicamos el nombre del archivo transferido. */
echo "<br>Su tamaño es: $archivo_size bytes<br>";
/* Indicamos el tamaño del archivo transferido */
```

echo "
El fichero es tipo: $archivo_type
";
/* Por último, indicamos a qué tipo de archivo corresponde. */
}
} else {
echo "<h2>No ha podido transferirse el fichero</h2>";
echo"<h3>su tamaño no puede exceder de $lim_tamano bytes </h2>";
}
echo "<a href='.$archivo_name.'>";
?>

El fichero **recepción.php** es el encargado de procesar el fichero que hemos enviado. Como podemos ver en su código, este fichero se encarga de mostrar en pantalla datos del fichero que nos han enviado (nombre, tamaño, tipo).

Además, si desde nuestro navegador, a través de la dirección *http://localhost*, accedemos al directorio /**upload**/, veremos los archivos que hemos subido almacenados en esta carpeta temporal.

El resultado de ejecutar este ejemplo podemos verlo en la figura 9.2.

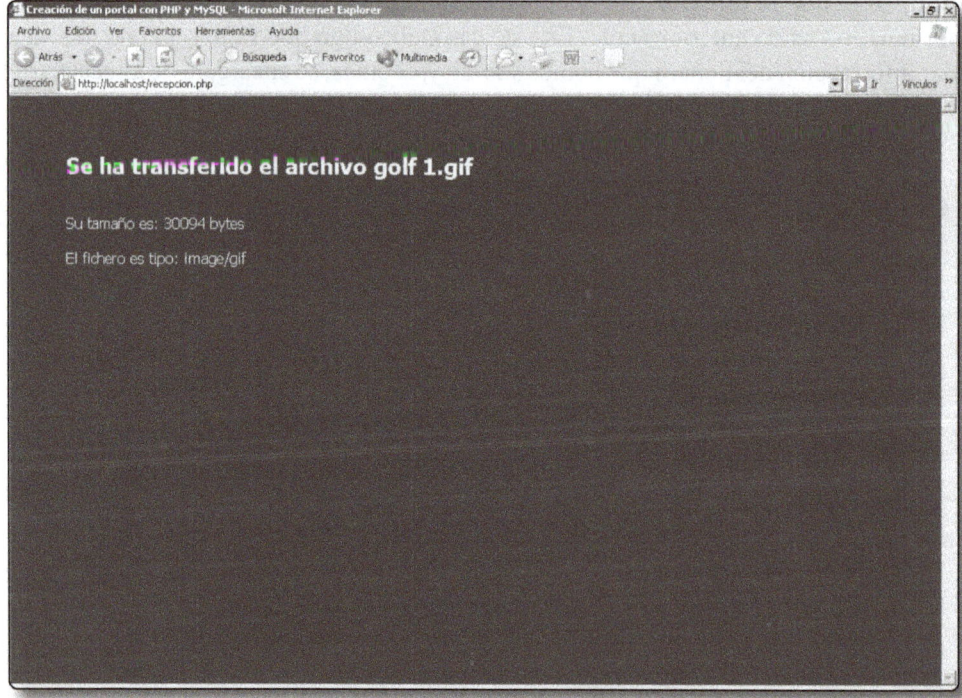

Figura 9.2

10

COOKIES Y SESIONES

10.1 COOKIES

Las *cookies* son pequeños ficheros de texto que maneja nuestro servidor para conocer datos de los usuarios y emplearlos, si es necesario, en cada una de sus visitas. Las *cookies* se pueden usar para, entre otras cosas, recordar el nombre del usuario y sus preferencias.

Las *cookies* solo almacenan datos que facilitan la navegación de los usuarios; en ningún caso guardan datos personales o de otro tipo que puedan violar su intimidad.

La siguiente cuestión sobre las *cookies* es cómo se crean. Para ello empleamos la función *setcookie ( )*, con al menos dos argumentos fundamentales: el primero será el valor de la *cookie* y el segundo, el nombre de la variable.

Un ejemplo de uso de esta función podría ser este: **setcookie ("pepe", $nombre);**.

Si probásemos el ejemplo anterior, al ser ejecutada esta instrucción en nuestro servidor se generará una *cookie* que tendrá el contenido: $nombre=pepe.

10.1.1 Ejemplo

```
<head>
<title>Creación de un portal con PHP y MySQL
</title>
</head>
<body bgcolor = "#303030">
<body text = "#ffffff">
<body leftmargin = "60">
<body topmargin = "60">
<font face = "Tahoma">
<font size = "3">
<form enctype="multipart/form-data" action="ejemplo10-2.php" method="post">
<input type="hidden" name="action" value="setcookie">
Nombre: <input type ="text" name ="nombre"> <br>
<input type = "submit" value = "Enviar">
<?php
if ($cookie == "setcookie") {
setcookie ("nombre", $tunombre);
}
?>
```

10.2 SESIONES

Podemos definir las sesiones como una serie de variables almacenadas en nuestro servidor que ofrecen información acerca de nuestros usuarios y que son diferentes para cada uno.

Hemos de recordar que al principio del libro se explica cómo debemos configurar nuestro fichero **php.ini** para saber dónde almacenamos nuestras sesiones. En nuestro caso, hemos creado un directorio, dentro de **c:/ficheros/**, llamado **sesiones**.

Existen dos funciones que son las más importantes siempre que hablemos de sesiones:

- Función **session_start ( )**. Esta función se utiliza para crear una nueva sesión.

    - Función **session_id ( )**. Esta función se encarga de devolver el identificador de la sesión que ha creado el usuario y que lo identifica y distingue respecto al resto de usuarios que puedan estar conectados a esa página web.

10.2.1 Ejemplo

```
<head>
<title>Creación de un portal con PHP y MySQL
</title>
</head>
<body bgcolor = "#303030">
<body text = "#ffffff">
<body leftmargin = "60">
<body topmargin = "60">
<font face = "Tahoma">
<font size = "3">
<?php
if ($cookie == "setcookie")
{
setcookie ("nombre", $tunombre);
session_start ( );
}
?>
```

Si nos dirigimos a la carpeta **sesiones** que se encuentra en nuestro *localhost*, podremos ver las sesiones que creamos cada vez que probamos este código.

En la siguiente imagen podemos ver algunas de las sesiones que se crean en nuestro directorio **sesiones**.

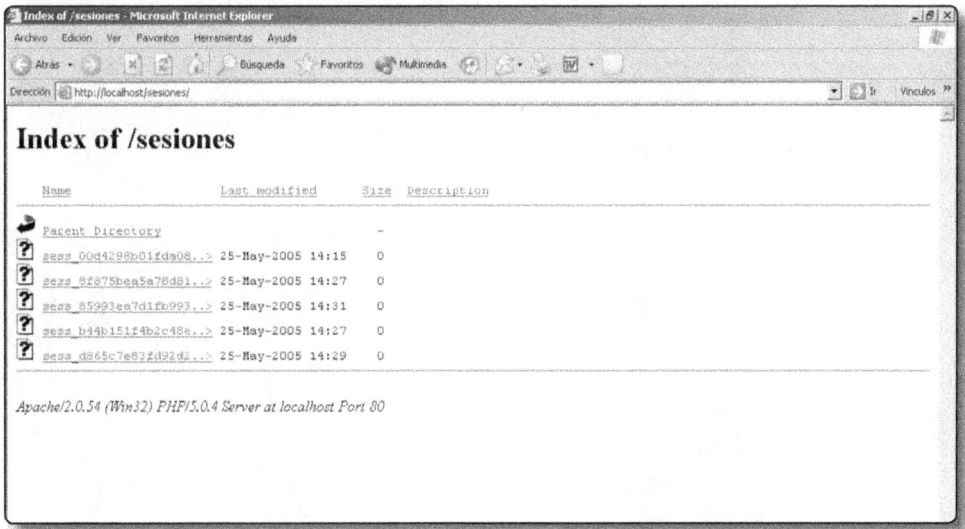

Figura 10.1

11

VARIABLES PREDEFINIDAS

¿Qué son las variables predefinidas? Son aquellas que, como su nombre indica, están previamente definidas; son variables que no pueden ser utilizadas ni modificadas.

A continuación se muestran algunas de estas variables, así como unos pequeños ejemplos de aplicación de algunas de ellas.

- ▼ **$HTTP_REFERER**: esta variable nos devolverá la dirección (URL) de la que procede el usuario. Podemos saber cuál ha sido la última web que visitó el usuario antes de acceder a nuestro portal utilizando esta variable.

- ▼ **$HTTP_ACCEPT_LANGUAGE**: nos devuelve el lenguaje en el que tiene configurado el navegador el usuario que ahora nos está visitando.

- ▼ **$HTTP_USER_AGENT**: nos indicará cuál es el navegador utilizado por el usuario.

- ▼ **$REMOTE_ADDR**: nos indicará cuál es la IP que tiene asignada el usuario.

- ▼ **$OS**: devuelve el sistema operativo donde se ejecuta la página web.

- ▼ **$REQUEST_METED**: indica el método de petición por el cual se accede a la página.

- **$SERVER_NAME**: devolverá el nombre del servidor donde se ejecuta el *script*.

- **$SERVER_SOFTWARE**: indica bajo qué servidor se ejecuta el *script*.

- **$DOCUMENT_ROOT**: nos indica el directorio raíz donde se encuentra almacenado el fichero que estamos ejecutando.

- **$SERVER_ADMIN**: esta variable almacena la persona de contacto administradora del servidor; en concreto, el correo electrónico del administrador.

- **$SERVER_PORT**: indica el puerto del equipo servidor que se está usando.

- **$SERVER_SIGNATURE**: contiene la versión del servidor y el nombre del servidor virtual.

- **$SCRIPT_NAME**: indica el nombre del fichero/*script* que se está ejecutando actualmente.

Estas solo son algunas de las variables predefinidas, pero existen muchas más. Para conocerlas y saber cuáles son, solo debemos crear una página web con el siguiente código y así podremos ver un listado con muchas más de estas variables:

```
<?php
echo phpinfo( );
?>
```

11.1 EJEMPLO 1

Con el siguiente ejemplo vamos a averiguar de dónde procede el usuario, cuál es el navegador que utiliza y cuál es su IP, así como otros datos de interés.

```
<head>
<title>Creación de un portal con PHP y MySQL
</title>
</head>
<body bgcolor = "#303030">
<body text = "#E5E5E5">
<font face = "tahoma">
```

```
<font size = "2">
<body link = "#E5E5E5" vlink ="E0E0E0">
<hr size="8" color="ffffff">
<?php
echo "Bienvenido a nuestro portal.";
echo "<br><br>";
echo "Usted usa el navegador: ";
echo $HTTP_USER_AGENT;
echo "<br><br>";
echo "Su dirección IP es: ";
echo $REMOTE_ADDR;
echo "<br><br>";
echo "El puerto que utiliza para conectarse al servidor web es: ";
echo $SERVER_PORT;
echo "<br><br>";
echo "Y viene de visitar: ";
echo $HTTP_REFERER;
echo "<br><br>";
echo "El nombre del servidor al que se conecta es: ";
echo $SERVER_NAME;
echo "<br><br>";
echo "El directorio en el que se almacenan los ficheros es: ";
echo $DOCUMENT_ROOT;
echo "<br><br>";
echo "El fichero PHP que está ejecutando se llama: ";
echo $SCRIPT_NAME;
echo "<br><br>";
echo "El correo del administrador del servidor es: ";
echo $SERVER_ADMIN;
echo "<br><br>";
echo "Versión del servidor y nombre del servidor virtual: ";
echo $SERVER_SIGNATURE;
echo "<br><br>";
echo "Sistema operativo: ";
echo $OS;
?>
<hr size="8" color="ffffff">
```

El resultado de ejecutar este ejemplo en el navegador nos muestra en pantalla los siguientes datos: navegador, dirección IP, puerto que se utiliza, dirección web de la que procedemos, nombre del servidor al que nos hemos conectado, ruta donde se encuentran almacenados los ficheros, nombre del fichero que se está ejecutando, datos del administrador del servidor, la versión y el nombre del servidor y el sistema operativo que estamos utilizando.

Como se puede observar, con unas sencillas líneas de código, podemos conocer datos muy interesantes de nuestros clientes, así como del servidor que estamos utilizando.

En la siguiente imagen (Figura 11.1) vemos cómo se mostrará en nuestro navegador el resultado de este ejemplo cada vez que un usuario visite nuestro portal.

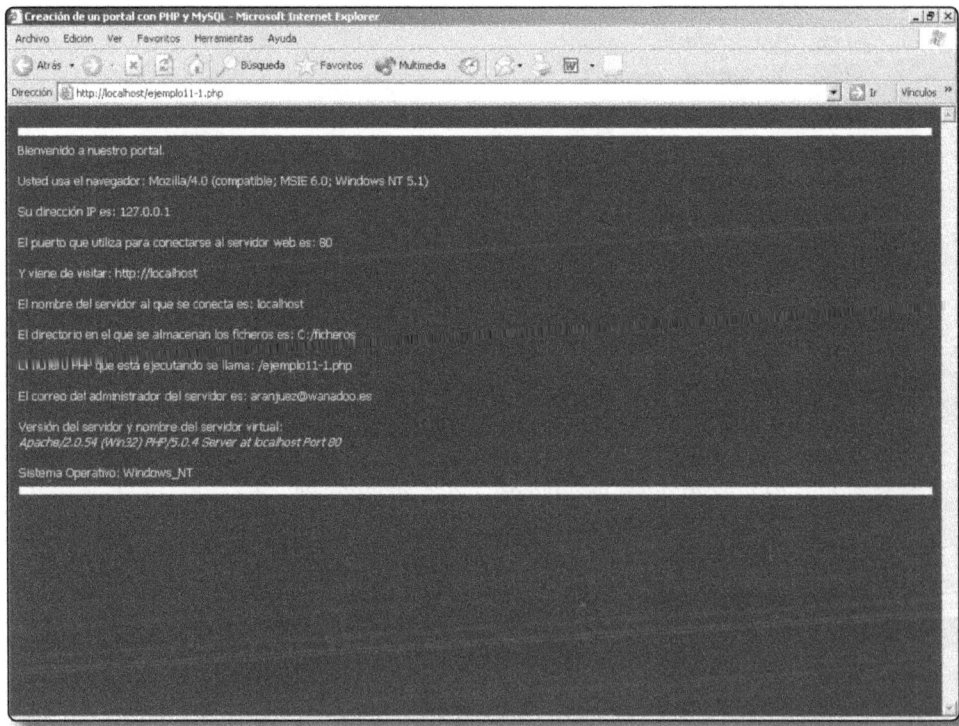

Figura 11.1

11.2 EJEMPLO 2

A continuación se muestra un ejemplo muy útil, ya que si disponemos de un portal con código JavaScript o cualquier otro lenguaje que no es posible ejecutar por los actuales navegadores, redireccionará a otra página sin ese código. Y si tenemos nuestro portal en varios idiomas, detectará el idioma y lo redireccionará a la página en su idioma.

```
<head>
<title>Creación de un portal con PHP y MySQL
</title>
</head>
<body bgcolor = "#303030">
<body text = "#E5E5E5">
<font face = "tahoma">
<font size = "2">
<body link = "#E5E5E5" vlink ="E0E0E0">
<hr size="8" color="ffffff">
<?php
if (eregi ("MSIE", $HTTP_USER_AGENT))
{
print ( "Usted usa el navegador Microsoft Internet Explorer. \n");
}
 else
{
print ("Usted usa un navegador diferente a Microsoft Internet
Explorer.\n");
}
/* Dependiendo del navegador que utilice el usuario que nos visita, mostrará en pantalla un mensaje u otro.*/
echo "<br>";
if ($HTTP_ACCEPT_LANGUAGE= es)
{
$a = Español;
/* Asignamos a $a el valor español, ya que lo primero que hacemos es preguntar si la variable &HTTP_ACCEPT_LANGUAGE= es, que corresponde al idioma español. Si no hiciésemos esto, se mostraría en pantalla =es, pero, al hacer este cambio, lo que conseguimos es que si se utiliza español, en pantalla mostrará español.
También podemos hacer un bucle para que distinga entre varios idiomas.*/
echo "El idioma de su navegador es: ";
echo $a;
}
?>
```

Como podemos ver, con todos estos datos obtenidos de nuestros usuarios podremos redireccionarlos a las páginas que se adapten más a las características de su equipo informático. Es decir, podemos tener creada una página para que se ejecute correctamente en Internet Explorer, pero que, por ejemplo, cierta parte de nuestro código no lo reconozca cualquier otro navegador que usen los usuarios de nuestra web. En este caso redireccionaríamos a nuestros usuarios a la página que se adapte a su navegador. Lo mismo haríamos con el idioma, es decir, según sepamos el idioma de procedencia del usuario, podemos tener varias páginas en distintos idiomas, a las que redireccionaríamos a nuestros usuarios según el mismo.

En la figura 11.2 podemos ver el resultado de ejecutar este ejemplo, en el que se nos indica el navegador que utiliza el usuario, así como el idioma en el que lo tiene configurado, por lo que podemos intuir su procedencia.

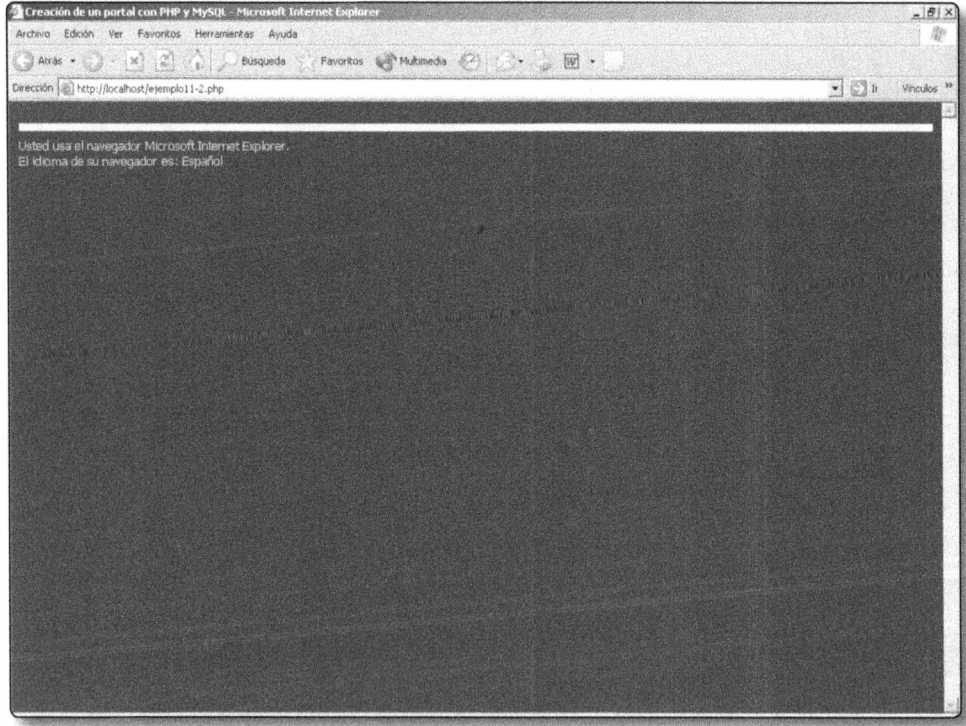

Figura 11.2

12

NUEVAS CARACTERÍSTICAS DE PHP

En este capítulo queremos mencionar las características nuevas que se han incorporado al lenguaje PHP en las versiones 5.6.x.

12.1 EXPRESIONES CONSTANTES

Existe ahora la posibilidad de usar una expresión escalar que involucre literales numéricos y de *string* y/o constantes en contextos donde antes PHP requería un valor estático, tal como una constante, una declaración de una propiedad o argumentos de funciones predeterminados. Por ejemplo:

```php
<?php
const A = 1;
const B = A * 2;
const C = B + 1;
?>
```

12.2 DEFINICIÓN DE ARRAYS CONSTANTES

En las nuevas versiones de PHP también es posible declarar *arrays* constantes mediante el uso de la palabra reservada **const**. Ejemplo:

```php
<?php
const EL_ARRAY = ['X', 'Y'];

echo EL_ARRAY[1];
?>
```

12.3 LISTA VARIABLE DE ARGUMENTOS

En PHP 5.6.x, la lista de argumentos puede incluir el operador **...** para denotar que la función acepta un número variable de argumentos. Los argumentos serán pasados a la variable en cuestión como un array. Ejemplo:

```
<?php
function producto($x, $y, $z) {
return $x * $y * z;
)
$resto_parametros = [20, 30];
echo sumar(10, ...$resto_parametros);
?>
```

12.4 EXPONENCIACIÓN

Se ha incorporado un nuevo operador para realizar la potencia o exponenciación, denotado por ******. Además se ha añadido el operador de asignación abreviado ****=**. Ejemplo:

```
<?php
printf("4 ** 2 == %d\n", 4 ** 2);
printf("2 ** 3 ** 4 == %d\n", 2 ** 3 ** 4);
$numero = 3;
$numero **= 2;
printf("numero == %d\n", $numero);
/* El resultado es: 3 elevado a 2, o sea, 9 */
?>
```

12.5 AMPLIACIÓN DEL OPERADOR "USE"

El operador **use** se ha ampliado y acepta funciones importadas y constantes, así como clases. Para ello lo usaremos mediante los contructores *use function* y *use const*, respectivamente. Ejemplo:

```
<?php
namespace Espacio\De\Nombres {
   const ECO = 42;
   function funcion() { echo __FUNCTION__."\n"; }
}
```

```
namespace {
    use const Espacio\De\Nombres\ECO;
    use function Espacio\De\Nombres\f;

    echo ECO."\n";
    funcion();
}
?>
```

12.6 DEPURADOR PHP

Una herramienta esencial para cualquier programador...: se ha añadido un depurador básico pero potente y ligero llamado **phpdbg**, implementado como un módulo de SAPI. Para más información, puede visitar la URL *http://phpdbg.com/docs*.

12.7 SSL/TLS MEJORADO

Se han añadido varias mejoras al soporte para SSL/TLS en PHP 5.6. Entre ellas, se ha habilitado la verificación del par por omisión, el soporte para la comparación de huellas digitales de certificados, la mitigación de ataques de renegociación TLS, y muchas opciones de contexto SSL nuevas para permitir un mayor control de grano fino en ajustes de protocolos y verificaciones al emplear flujos encriptados. Encontrará información más detallada en el enlace *http://php.net/manual/es/migration56.openssl.php*.

13

COMENZANDO CON MYSQL

De entre las muchas ventajas que se obtienen de crear una base de datos en una página web, una de las principales es que se consiguen páginas dinámicas.

Para usar y manejar la base de datos MySQL, vamos a emplear una aplicación muy usual y extendida entre los usuarios: **phpMyAdmin**.

13.1 PHPMYADMIN

Como ya explicamos anteriormente, phpMyAdmin es una aplicación que nos va a ayudar a gestionar y administrar nuestras bases de datos. Entre otras, las funciones que podemos realizar con esta aplicación son crear bases de datos, crear tablas, insertar datos en tablas, realizar consultas, borrar datos de tablas, borrar tablas, borrar bases de datos, etc.

13.2 CREAR UNA BASE DE DATOS

Para crear una base de datos, lo primero que debemos hacer es, desde el *localhost*, acceder a la carpeta **phpmyadmin/**. Al hacerlo nos encontraremos con el entorno de phpMyAdmin. Nos situaremos en la página principal, donde pone "Crear una base de datos", pues es ahí donde debemos escribir el nombre de la base de datos que vamos a crear. El menú desplegable que nos encontramos al lado lo dejaremos como está, con la opción **Collation**. Pulsaremos en el botón **Crear** para finalizar el proceso.

En la figura 13.1 podemos ver el detalle para crear una base de datos.

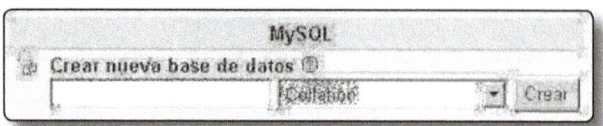

Figura 13.1

13.2.1 Ejemplo

Vamos a crear una base de datos llamada **usuarios**. Este es el proceso:

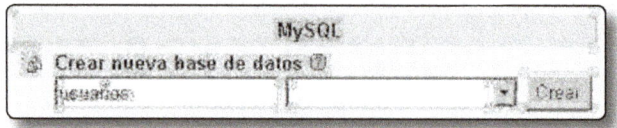

Figura 13.2

Ponemos el nombre de la base de datos: **usuarios**; seleccionamos donde pone **Collation** y lo dejamos en blanco, o podemos seleccionar **utf8_spanish_ci**, que es el equivalente al español tradicional. Pulsamos el botón **Crear**. Una vez hayamos pulsado el botón **Crear**, nos aparecerá la pantalla que vemos en la figura 13.3, en la que nos indica que la base de datos se creó y nos pregunta si queremos realizar otras operaciones con la base de datos que hemos creado.

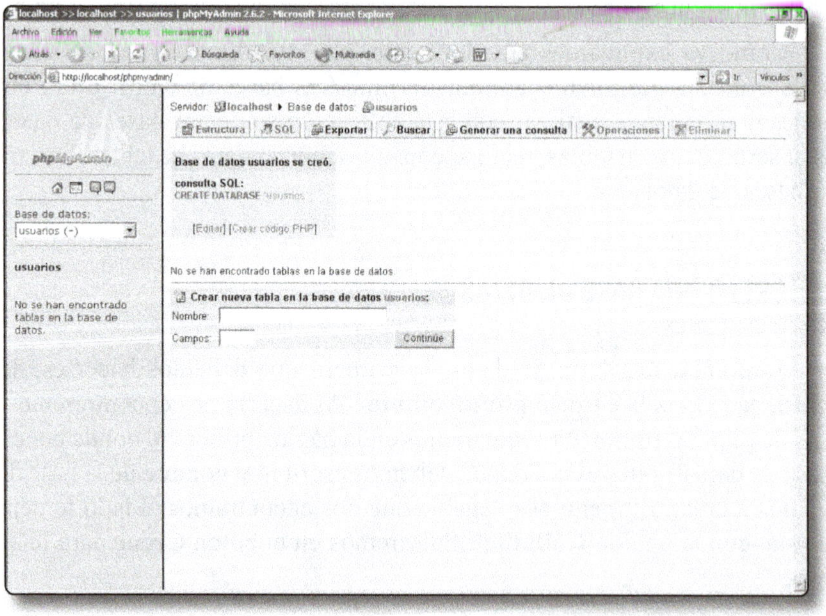

Figura 13.3

13.3 CREAR UNA TABLA

Para crear una tabla seguiremos los siguientes pasos: en la base de datos que hemos creado anteriormente aparece un espacio para crear una tabla. En este espacio hemos de indicar el nombre de la tabla y los campos que contendrá. Si, por ejemplo, hemos perdido esa página posterior a la de crear una base de datos porque hemos cerrado el navegador, no hay problema, ya que siempre que queramos crear una tabla no tenemos más que pulsar en el nombre de la base de datos, situado a la izquierda, donde pone el nombre de la base de datos (**usuarios**), y aparecerá de nuevo para crear una base de datos.

En la figura 13.4 podemos ver el espacio donde podemos crear una tabla en nuestra base de datos.

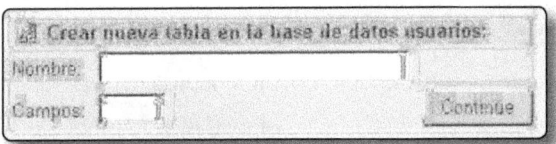

Figura 13.4

13.3.1 Ejemplo

Vamos a crear la tabla **clientes** dentro de la base de datos **usuarios**. Esta tabla va a tener siete campos: id, nombre, apellidos, edad, localidad, teléfono y *e-mail*.

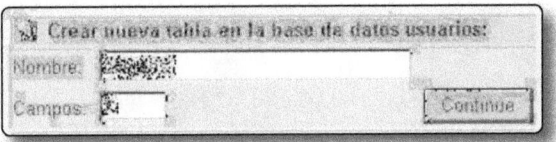

Figura 13.5

Al pulsar sobre el botón **Continúe** nos aparecerá un menú que debemos rellenar para cada uno de los campos de nuestra tabla. Podemos verlo en la figura 13.6.

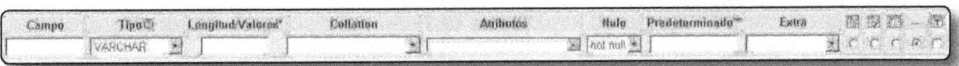

Figura 13.6

Cada uno de los campos de este formulario debemos rellenarlo en función del campo que corresponde en la tabla. Los únicos campos que rellenaremos o modificaremos serán **Campo**, **Tipo**, **Longitud/Valores**, **Collation**, **Extra** y, de los iconos situados a la derecha, referentes a las acciones, solo modificaremos uno de ellos, el resto lo dejamos tal cual.

A continuación se representa una tabla con los valores que hemos introducido para crear esta tabla de forma resumida. Estos valores no tienen por qué ser exactamente así, ya que podemos cambiar tanto el tipo como la longitud. Para este ejemplo se ha estimado que con estos valores es suficiente.

Campo	Tipo	Longit./Valor.	Collation	Extra	Acción
id	int	3		auto_increment	primaria
nombre	varchar	10	utf8_spanish_ci		
apellidos	varchar	20	utf8_spanish_ci		
edad	int	2			
población	varchar	12	utf8_spanish_ci		
teléfono	int	9			
e-mail	varchar	25	utf8_spanish_ci		

Nuestra tabla quedará como podemos ver en la figura 13.7.

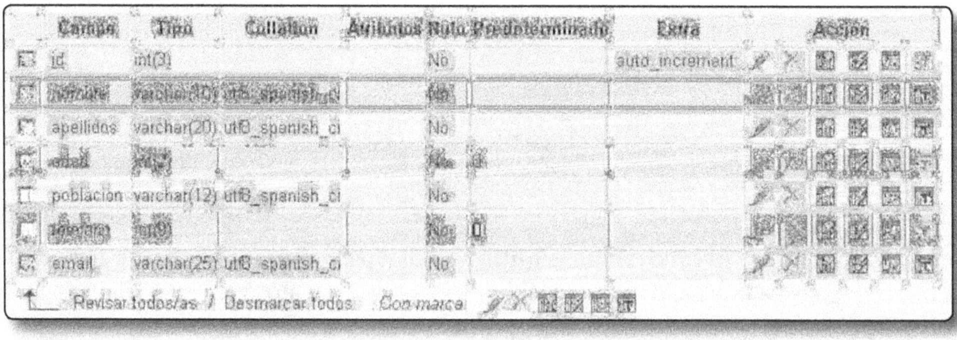

Figura 13.7

13.4 INSERTAR DATOS EN UNA TABLA

Ya tenemos creada la base de datos con su tabla. Ahora es el momento de introducir datos en nuestra tabla.

Para ello, desde nuestra tabla, nos fijaremos en la parte superior, donde encontraremos, entre otros, un icono con el texto "Insertar". Podemos verlo en la figura 13.8.

Figura 13.8

Una vez hayamos seleccionado la opción **Insertar**, aparecerá un menú para introducir los datos en la tabla.

En la figura 13.9 vemos el formulario para insertar datos.

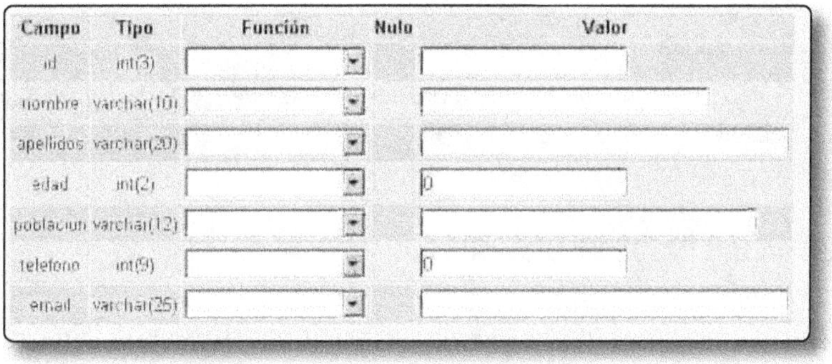

Figura 13.9

13.4.1 Ejemplo

Vamos a introducir datos en nuestra tabla. Insertamos cuatro registros. Algo muy importante a la hora de rellenar el formulario con los datos es dejar el campo **id** sin rellenar, ya que, al ser un campo **auto_increment**, cada vez que insertemos un registro nuevo se le asignará un **id** automáticamente de manera incremental.

Cada vez que insertemos un registro, podremos ver el resultado en pantalla con el correspondiente código SQL que lo inserta en nuestra tabla. Podemos verlo en la figura 13.10.

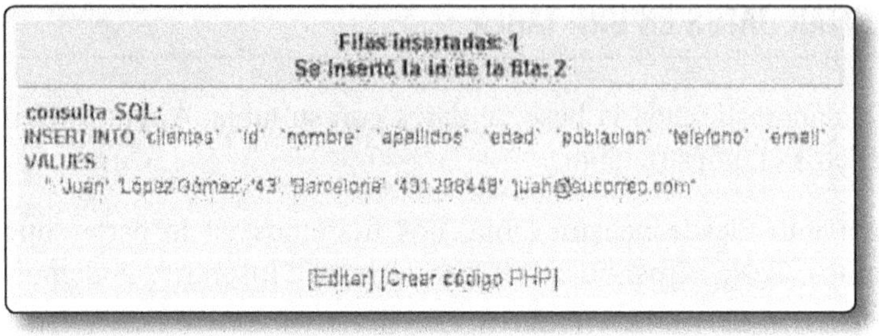

Figura 13.10

En la siguiente tabla se pueden ver los datos que hemos introducido para realizar este ejemplo.

id	Nombre	Apellidos	Edad	Población	Teléfono	e-mail
1	José	Mata Pérez	31	Madrid	293439281	jose@sucorreo.com
2	Juan	López Gómez	43	Barcelona	431298448	juan@sucorreo.com
3	Pedro	Lara Manjón	28	Sevilla	122432987	pedro@sucorreo.com
4	José	Martín Ortiz	28	Madrid	458446158	josemartin@sucorreo.com

13.5 CONSULTAR DATOS DE UNA TABLA

Cuando hayamos terminado de introducir registros en la tabla, pulsaremos sobre el botón **Buscar** para realizar consultas.

Figura 13.11

Y aparecerá un formulario en el que podemos optar por dos formas de buscar registros en nuestra tabla. En la primera de ellas, seleccionaremos los campos que queremos mostrar; pueden ser todos o algunos de ellos; debemos indicar el número de registros por página que queremos mostrar, si queremos mostrarlos en orden ascendente o descendente y las condiciones que debe cumplir esa búsqueda. Respecto a las condiciones, podemos poner tantas como queramos. Por ejemplo, una condición es que aparezcan los registros donde la edad sea igual a 40 años. En este caso, en el campo **Condiciones**, insertaríamos algo así: *edad>40*. Otra condición puede ser que queramos que nos muestre los datos de todos los que se llaman José. Para ello, en el campo **Condición**, pondríamos *nombre = "jose"*.

En la figura 13.12 podemos ver el formulario para consultar registros.

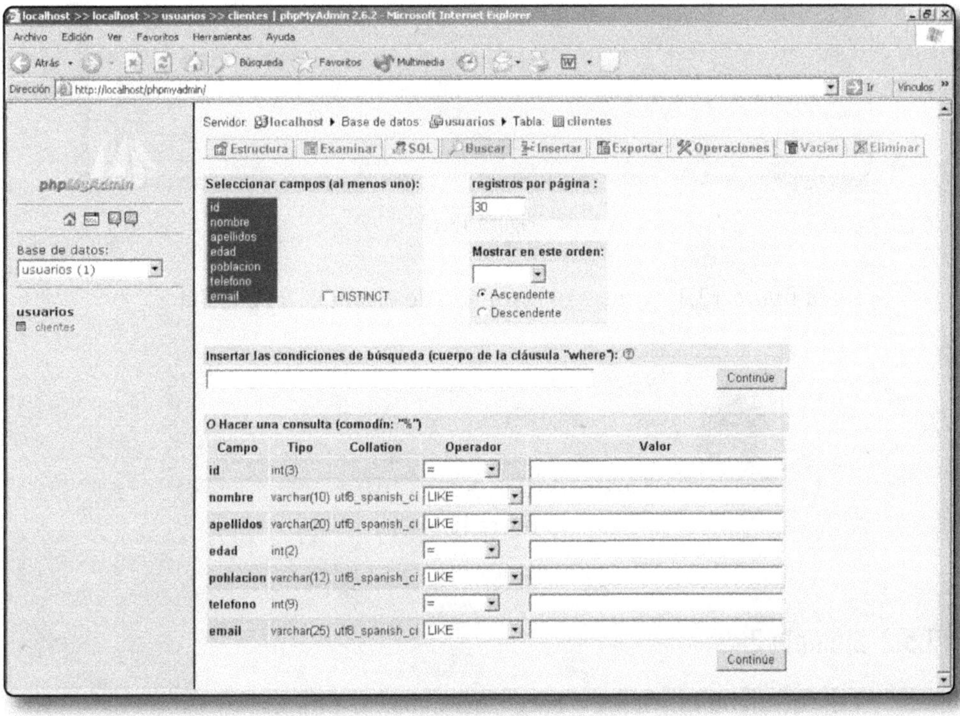

Figura 13.12

Otra forma de consultar registros en este formulario es introducir en los campos destinados a la búsqueda unas condiciones y seleccionar el operador necesario. Por ejemplo, si queremos buscar a los clientes mayores de 40 años, en el campo **Operador** introduciríamos > y en el campo **Valor** pondríamos 40. Otro ejemplo podría ser buscar clientes que se llaman José. Para ello, en el campo **Operador** del nombre pondríamos *LIKE* y en el campo **Valor** introduciríamos *José*.

13.5.1 Ejemplo 1

En este ejemplo vamos a hacer una consulta utilizando el formulario de la parte superior, en el que vamos a buscar los registros cuyos clientes tengan más de 40 años, y queremos mostrar solamente su nombre, apellidos, edad y teléfono. En la figura 13.13 se muestra cómo debemos rellenar el formulario para ejecutar esa consulta.

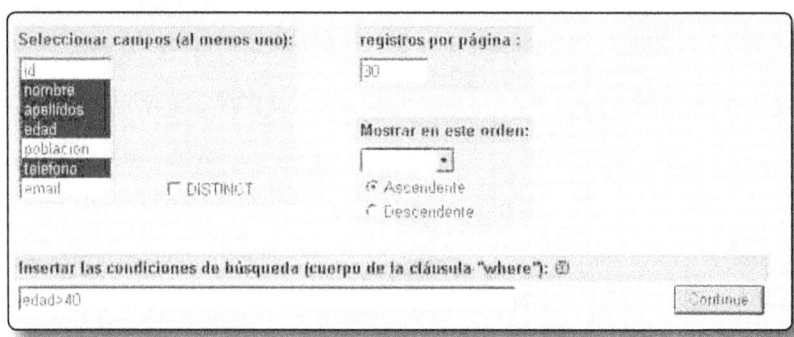

Figura 13.13

En la figura 13.14 vemos el resultado de ejecutar la consulta.

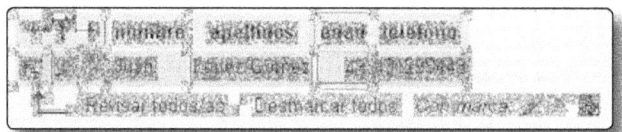

Figura 13.14

13.5.2 Ejemplo 2

En este ejemplo vamos a hacer una consulta utilizando el formulario de la parte inferior, en el que vamos a buscar los registros cuyos clientes se llamen José. Podemos ver cómo se realiza la consulta en la figura 13.15.

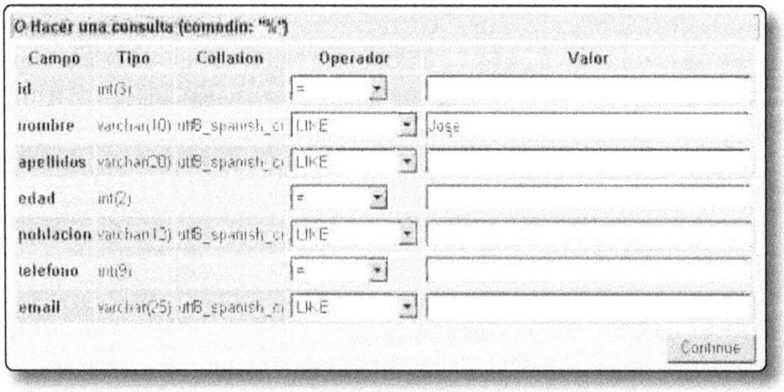

Figura 13.15

El resultado de esta consulta lo vemos en la figura 13.16.

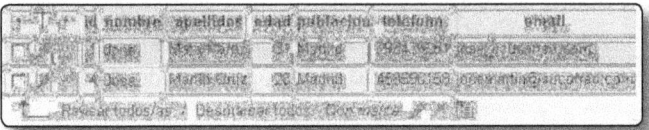

Figura 13.16

13.6 ACTUALIZAR DATOS DE UNA TABLA

Lo ideal es que una base de datos esté lo más actualizada posible. Bien, pues para ello tenemos una opción con la que podemos actualizar sus datos en cualquier momento. Imaginemos por ejemplo que un cliente de nuestra base de datos quiere modificar su número de teléfono. Para ello buscamos al cliente en la base de datos y, una vez que lo localicemos, seleccionamos la opción **Editar**.

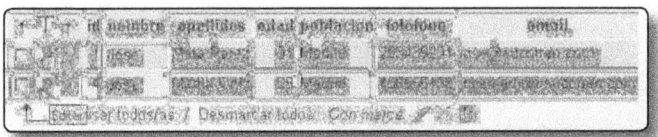

Figura 13.17

13.6.1 Ejemplo

Imaginemos que el cliente José Martín Ortiz quiere actualizar su número de teléfono. Una vez localizado en la base de datos, seleccionamos la opción **Editar**; aparecerá la pantalla de la figura 13.18, donde modificaremos el número de teléfono. Pulsaremos el botón **Continuar** para validar.

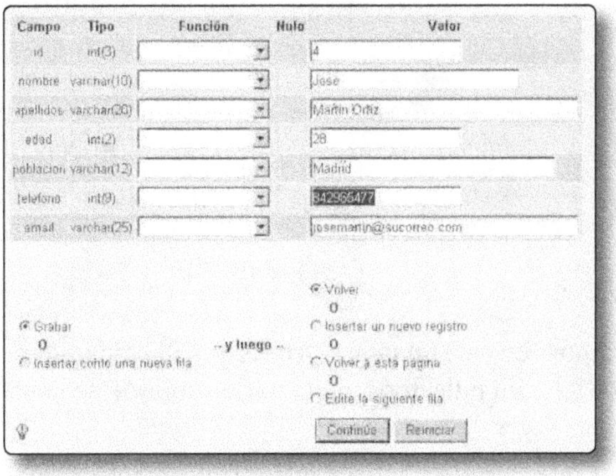

Figura 13.18

13.7 BORRAR DATOS DE UNA TABLA

Para borrar datos de una tabla disponemos de dos opciones: la primera, un borrado de registros parcial o total; la segunda, un vaciado completo de los registros que contiene la tabla que estamos empleando.

Prestaremos especial atención antes de realizar cualquiera de estas operaciones, ya que las acciones que ejecutemos serán irreversibles y, por lo tanto, los datos que borremos no podremos volver a recuperarlos.

Una de las opciones es la que muestra la figura 13.19, en la que borramos únicamente dos registros de nuestra tabla. Como se puede observar, debemos marcar la casilla situada a la izquierda, para eliminar los registros deseados.

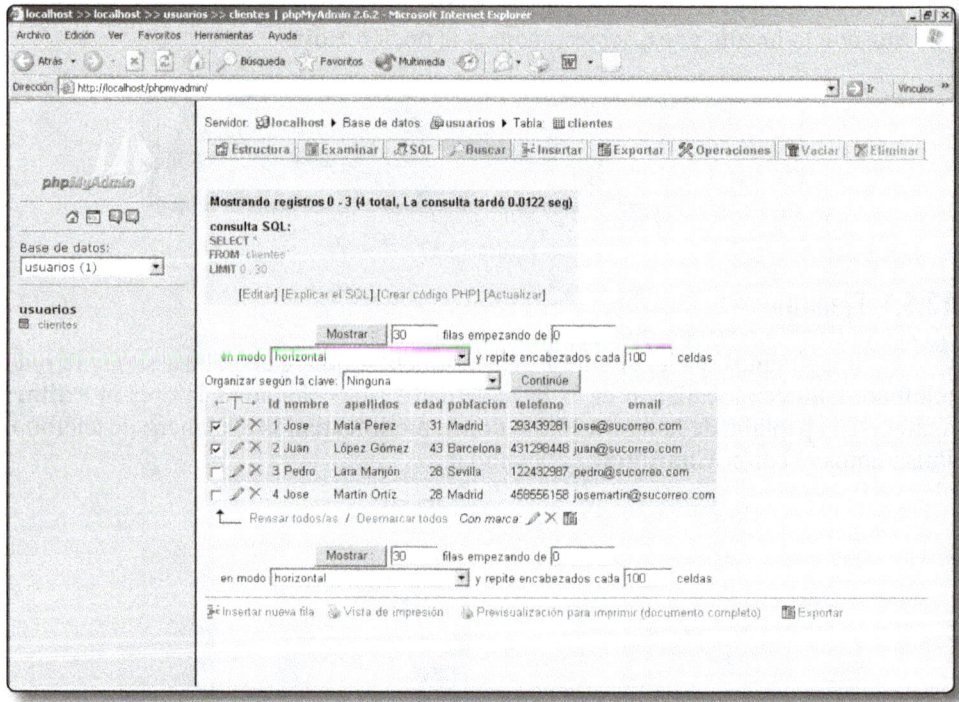

Figura 13.19

Como vemos en la imagen, primero seleccionamos los registros que queremos eliminar y luego pulsamos, en la parte superior de la pantalla, en la opción **Eliminar**.

Otra posibilidad es, sin necesidad de seleccionar ningún registro, pulsar en la parte superior derecha de la pantalla en la opción **Vaciar**. Con esta última, lo que hacemos es borrar todos los registros de la tabla.

13.8 BORRAR UNA TABLA

Para borrar una tabla lo que hacemos es seleccionar la base de datos que contiene esa tabla, por lo que seleccionaremos la base de datos **usuarios**, en la parte situada a la izquierda de nuestra pantalla. Nos encontraremos una imagen como la que podemos ver en la figura 13.20.

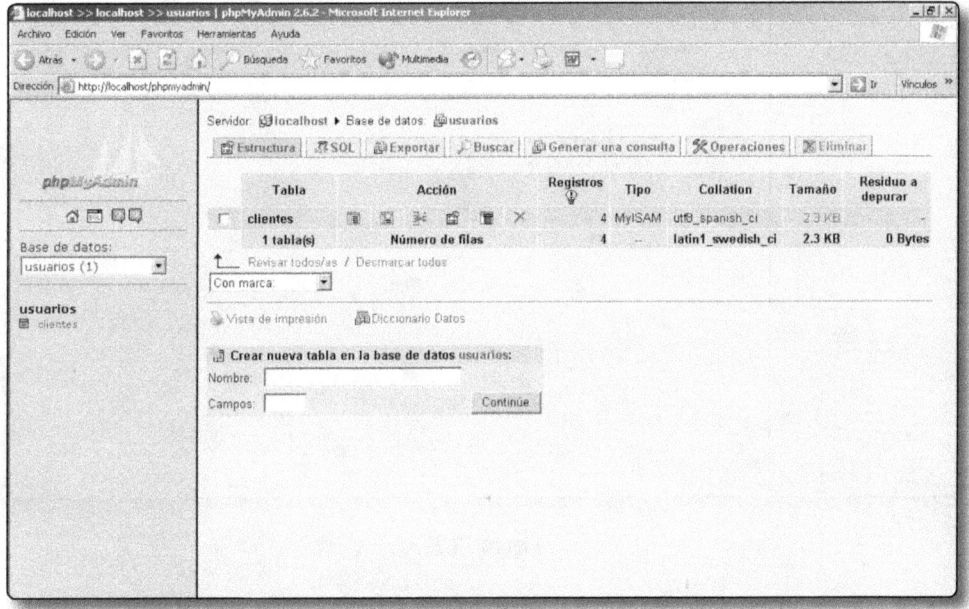

Figura 13.20

Solo quedaría pulsar en el botón **Eliminar** para borrar completamente la tabla.

En la figura 13.21 podemos ver el icono para eliminar completamente la tabla.

Figura 13.21

13.9 BORRAR UNA BASE DE DATOS

Para borrar una base de datos, nos situamos en la página principal de nuestra base de datos y pulsamos sobre el botón **Eliminar** para borrar la base de datos en la que nos encontremos actualmente.

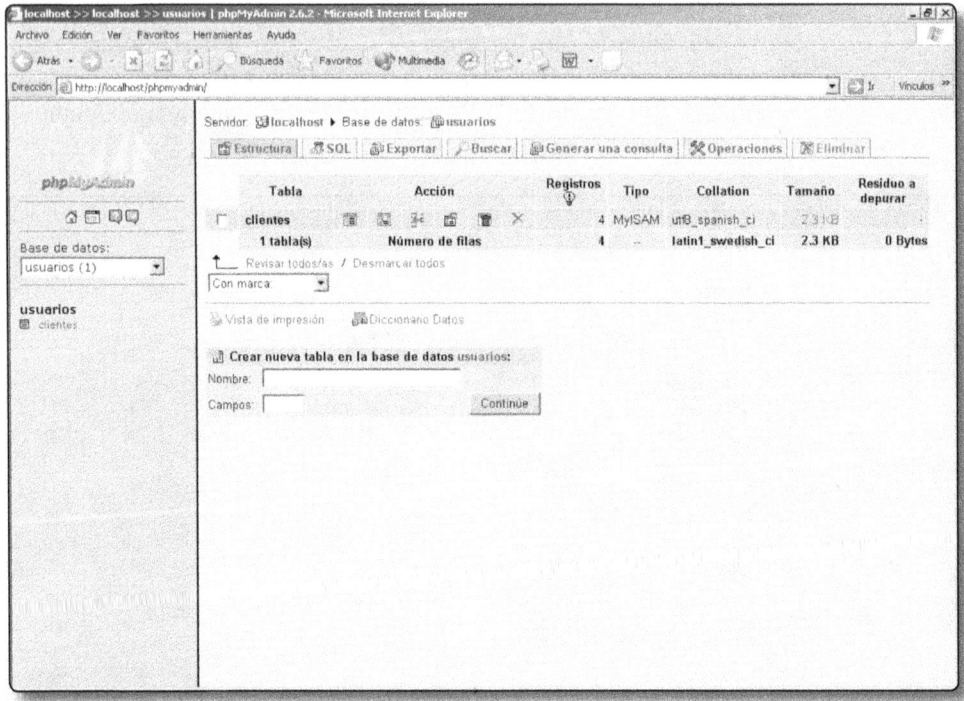

Figura 13.22

Finalmente pulsamos sobre el enlace **Eliminar**, para borrar la base de datos de forma definitiva.

En la figura 13.23 podemos ver el enlace en el que debemos pulsar para borrar la base de datos.

Figura 13.23

14

PHP Y MYSQL

La combinación del lenguaje PHP junto con la base de datos MySQL es utilizada en un gran número de páginas web que podemos encontrar mientras navegamos por Internet, debido a la potencia que se consigue utilizando estas dos aplicaciones juntas.

PHP dispone de una amplia lista de funciones para utilizarlas con la base de datos MySQL. A lo largo de este capítulo veremos algunas, así como ejemplos de las mismas.

PHP es un lenguaje de programación de páginas web muy potente y muy extenso, pero usarlo sin una base de datos, más en concreto sin la base de datos MySQL, supondría desaprovechar muchas de las posibilidades que nos ofrece.

A continuación vamos a explicar las instrucciones más importantes y necesarias para operar entre PHP y MySQL. Veremos, por ejemplo, las instrucciones para conectar con una base de datos, seleccionar una base de datos, seleccionar registros de una base de datos, etc.

14.1 CONECTAR CON UNA BASE DE DATOS

Para conectar desde PHP con una base de datos creada en MySQL, utilizaremos la instrucción **mysql_connect ( )**, a la que deben acompañar tres parámetros: el primero de ellos es determinar el *host* al que nos conectamos, luego le indicaremos el nombre de usuario y la contraseña.

Cuando trabajemos en modo local, el *host* al que conectamos será, por ejemplo, "127.0.0.1", y el nombre de usuario y contraseña serán los mismos que definimos al instalar MySQL. Si alguno de estos datos no se introduce de forma correcta, no podremos conectarnos a la base de datos. Recibiremos un mensaje de error que nos indicará que los datos de conexión no son los correctos, por lo que hemos de prestar mucha atención a la hora de preparar la conexión a la base de datos que vamos a utilizar en cada caso.

14.1.1 Ejemplo

```
<?php
$host = "127.0.0.1";
$usuario = "user"; // Cambiar por su nombre de usuario.
$password = "pass"; // Cambiar por su password.
$conectar = mysql_connect ($host, $usuario, $password);
?>
```

Con este ejemplo lo que hacemos es preparar la conexión a una base de datos, algo que haremos muy a menudo al crear nuestras páginas web. Es la primera acción que se realiza, por lo que la aplicación que hemos preparado podemos guardarla en un fichero que llamaremos, por ejemplo, **conectar.php**, para luego incluirlo posteriormente en las páginas en las que sea necesario conectar con una base de datos; además, nos ahorrará muchas líneas de código. Si, por ejemplo, tenemos 15 páginas en las que conectamos con una base de datos, nos estamos ahorrando 90 líneas de código (6 líneas × 15 páginas). Más tarde podemos incluir este fichero utilizando la instrucción *include ( )* que vimos anteriormente.

Un problema muy frecuente que nos podemos encontrar al emplear esta instrucción es que los datos de conexión que utilizamos no sean correctos. Debemos procurar poner bien esos datos, prestando especial atención a que el nombre de usuario y la contraseña que introducimos sean los mismos que pusimos cuando configuramos MySQL.

14.2 SELECCIONAR UNA BASE DE DATOS

Mediante la instrucción **mysql_select_db ( )**, seleccionamos una base de datos de entre todas las que tengamos creadas para trabajar con ella.

14.2.1 Ejemplo

```
<?php
include ("conectar.php");
mysql_select_db ("prueba", $conectar);
?>
```

En este ejemplo, primero incluimos el fichero **conectar.php** que creamos anteriormente para conectarnos, y posteriormente le indicamos la base de datos a la que nos conectaremos, que en este caso será la base de datos llamada **prueba**.

14.3 EJECUTAR UNA CONSULTA EN UNA BASE DE DATOS

Ejecuta una consulta a la base de datos activa en el servidor asociado al identificador de conexión.

14.3.1 Ejemplo

```
<head>
<title>Creación de un portal con PHP y MySQL</title>
</head>
<body bgcolor = "#303030">
<body text = "#E5E5E5">
<body leftmargin = "50">
<body topmargin = "50">
<font face = "tahoma">
<font size = "2">
<?php
echo "<p align=center>";
echo "A continuación se muestra el resultado de seleccionar todos los registros de las tablas nombre y apellidos.";
$host = "127.0.0.1";
$usuario = "user"; // Cambiar por su nombre de usuario.
$password = "pass"; // Cambiar por su password.
$conectar = mysql_connect ($host, $usuario, $password);
mysql_select_db ("usuarios", $conectar);
$consulta = "SELECT nombre, apellidos FROM clientes";
$query = mysql_query ($consulta, $conectar);
echo "<table align=center border=1 bgcolor=#6B6BFF cellspacing=5>";
while ($reg = mysql_fetch_row($query)){
echo "<tr>";
echo "<br>";
foreach($reg as $cambia){
echo "<td>",$cambia,"</td>";
}
}
echo "</table>";
?>
```

En este ejemplo, al igual que en el que hicimos anteriormente, incluimos el fichero para conectar con la base de datos y, después, ejecutamos una consulta. Concretamente, le decimos que seleccione los campos **Nombre** y **Apellidos** de la tabla **clientes** y que muestre los registros correspondientes a esta consulta.

En la figura 14.1 vemos la imagen correspondiente al resultado de ejecutar este ejemplo y, como podemos comprobar, nos muestra todos los registros, en concreto los cuatro que corresponden a la tabla **clientes** que creamos anteriormente y en la que insertamos esos cuatro registros.

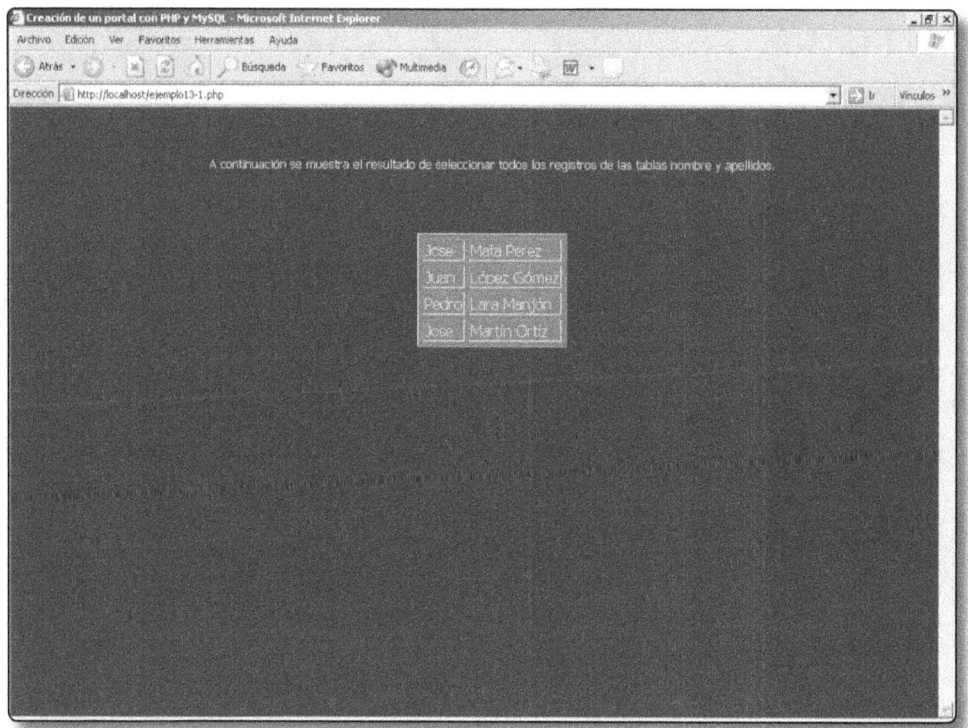

Figura 14.1

14.4 DEVOLVER CONSULTAS EN UN ARRAY

Esta instrucción nos devuelve un *array* con el resultado de una consulta.

14.4.1 Ejemplo

```
<head>
<title>Creación de un portal con PHP y MySQL</title>
</head>
<?php
include ("conectar.php");
mysql_select_db ("usuarios", $conectar);
$consulta = "SELECT nombre, apellidos FROM clientes";
$query = mysql_query ($consulta, $conectar);
$array = mysql_fetch_array ($query);
echo ($array ["nombre"]. "<br>");
echo ($array ["apellidos"]. "<br>");
?>
```

En este ejemplo almacenamos los datos de la consulta que realizamos en un array.

14.5 NÚMERO DE REGISTROS OBTENIDOS EN UNA CONSULTA

Esta instrucción devuelve el número de registros obtenidos en una consulta.

14.5.1 Ejemplo

```
<head>
<title>Creación de un portal con PHP y MySQL</title>
</head>
<body bgcolor = "#303030">
<body text = "#E5E5E5">
<body leftmargin = "50">
<body topmargin = "50">
<font face = "tahoma">
<font size = "2">
<?php
echo "<p align=center>";
echo "A continuación se muestra el resultado de seleccionar todos los registros de las tablas nombre y apellidos.";
$host = "127.0.0.1";
$usuario = "user";
$password = "pass";
$conectar = mysql_connect ($host, $usuario, $password);
```

```
mysql_select_db ("usuarios", $conectar);
$consulta = "SELECT nombre, apellidos FROM clientes";
$query = mysql_query ($consulta, $conectar);
echo "<table align=center border=1 bgcolor=#6B6BFF cellspa-
cing=5>";
while ($reg = mysql_fetch_row($query)){
echo "<tr>";
echo "<br>";
foreach($reg as $cambia){
echo "<td>",$cambia,"</td>";
}
}
echo "</table>";
echo "<br>";
print ("Y aquí se muestra el número de registros encontrados");
echo "<br><br>";
$numregistros = mysql_num_rows ($query);
print ("Registros encontrados:"." "."$numregistros");
?>
```

Este ejemplo es prácticamente igual que el del apartado 14.3.1., pero con la diferencia de que aquí recibiremos en pantalla el mensaje "El número de registros encontrados es: (valor_numérico)". Es decir, nos mostrará el mensaje con un valor que dependerá del número de registros encontrados al ejecutar la consulta realizada.

En la figura 14.2 podemos ver el resultado de ejecutar este ejemplo.

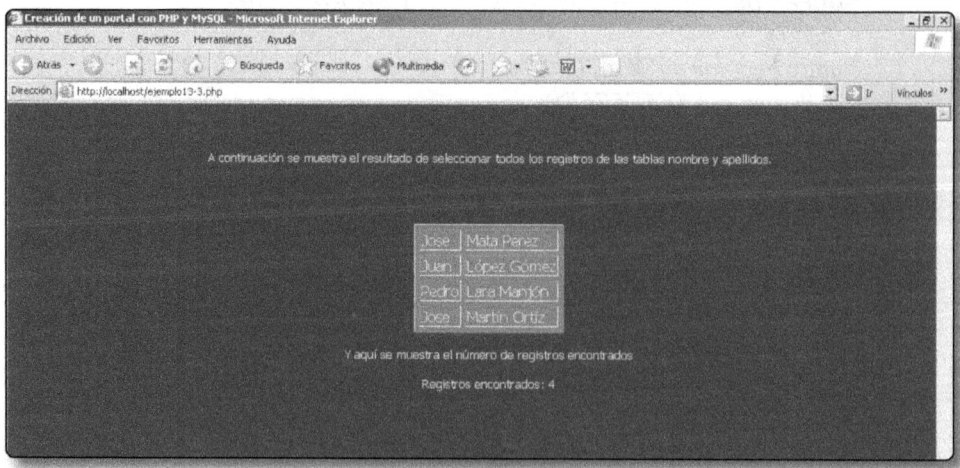

Figura 14.2

15

PRIMERAS APLICACIONES PARA NUESTRA WEB

En este capítulo vamos a desarrollar algunas aplicaciones que podremos emplear en todas las páginas web que desarrollemos, ya que son pequeñas aplicaciones fáciles de insertar en cualquier parte de nuestro sitio.

Por ejemplo, un contador de visitas es una aplicación que no tiene sentido emplear en una única página web; lo más lógico es utilizarla en cuantas páginas de nuestra web deseemos para ver el tráfico entre unas y otras, ver cuál es la más visitada, etc. Y así con cualquiera de las aplicaciones que a continuación explicaremos, como insertar la fecha y hora, mostrar el tiempo de carga de una página, personalizar la página de error, etc. Todas serán aplicables a cualquiera de nuestras páginas web.

15.1 FECHA Y HORA EN NUESTRAS PÁGINAS

Para manejar tanto fechas como horas utilizaremos la función **date ( )**, y mediante la siguiente tabla veremos los códigos necesarios para mostrarla en pantalla en el formato que deseemos. Podemos elegir entre mostrar solo la hora, solo la fecha o ambas opciones juntas, e incluso mostrar los días y meses, pero en inglés. Para ello emplearemos el comando **echo date ( )**.

Código	Resultado
a	am o pm
A	AM o PM
h	Hora en formato 1 – 12
H	Hora en formato 0 – 23
i	Minutos
s	Segundos
j	Día del mes sin ceros
d	Día del mes con ceros
D	Abreviatura del día de la semana en inglés
l	Nombre del día en inglés
z	Número de día del año, de 1 a 365
m	Número del mes, de 1 a 12
M	Abreviatura del mes en inglés
F	Nombre del mes en inglés
y	Año, con formato de 2 dígitos
Y	Año, con formato de 4 dígitos

15.1.1 Ejemplo

Este pequeño código lo podemos poner en nuestra página principal o en todas las demás, para mostrar la fecha y la hora actuales.

```
<head>
<title>Creación de un portal con PHP y MySQL</title>
</head>
<body bgcolor = "#303030">
<body text = "#E5E5E5">
<body leftmargin = "50">
<body topmargin = "50">
<font face = "tahoma" size="2">
<?php
echo "Hoy es día" ." ", date ("d/m/Y") , " y la hora actual es" ." ", date ("h:i:s"), ". <br> <br> Queremos daros la bienvenida a nuestro portal.";
echo "<br>";
echo "<br>";
echo "<br>";
/* Como podemos apreciar, el resultado que nos da esta última línea fun-
```

*ciona como saludo, por lo que si lo que queremos es darle un toque más sencillo, y emplearlo en cualquier lugar de nuestra web para indicar solo la fecha y la hora, bastaría con eliminar la línea anterior y utilizar la línea de código que viene a continuación, que es algo más sencilla, para mostrar solo el día y la hora. */*
echo date ("d/m/Y"), " ---- ". Date ("h:i");
?>

En una línea, y de forma sencilla, mostramos la siguiente información:

"Hoy es día 27/05/2005 y la hora actual es 10:15:24. Queremos daros la bienvenida a nuestro portal".

Y, además, se ha creado una línea más sencilla en la que mostramos igualmente la fecha y la hora, por si algún usuario quiere emplearla en todas sus páginas, solo a modo de información.

En la figura 15.1 podemos ver el resultado de ejecutar este ejemplo.

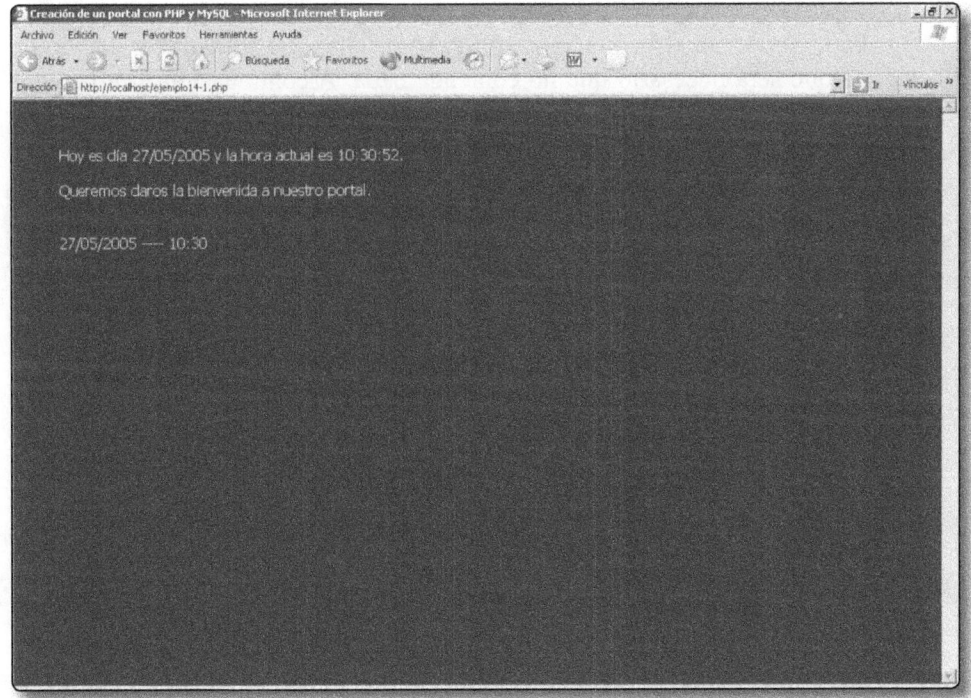

Figura 15.1

15.2 CONTADOR DE VISITAS

Lo que vamos a explicar en este apartado es una sencilla aplicación que nos será de gran utilidad, ya que podremos insertarla en cualquiera de nuestras páginas, y tendremos tantos contadores de visitas independientes como queramos. Incluso vamos a crear un contador de visitas global que, como veremos más adelante, nos servirá para generar un resumen con las visitas que recibe cada página, en vez de tener que ir viendo una por una las estadísticas de cada página en la que tengamos insertado un contador. De este modo evitaremos perder el tiempo para conocer el número de visitantes que tenemos en cada una de ellas.

En este ejemplo crearemos e insertaremos el código en la página principal, pero, para poder agregarlo en varias páginas, lo único necesario sería crear tantos ficheros *.txt como contadores queramos insertar en ellas y hacer una llamada a los respectivos ficheros.

15.2.1 Ejemplo

Para comenzar, debemos crear un fichero llamado **visitas.txt** y dejarlo en blanco, ya que será necesario que no contenga nada. A continuación insertaremos este código en nuestra página principal, donde deseemos que aparezca el número de visitantes que tenemos.

```
<html>
<head>
<title>Creación de un portal con PHP y MySQL
</title>
</head>
<body bgcolor = "#303030">
<body text = "#E5E5E5">
<font face = "tahoma">
<font size = "2">
<body link = "#E5E5E5" vlink ="E0E0E0">
<?php
$cuenta = "visitas.txt";
function contador($cuenta)
{
$fp = fopen($cuenta, rw);
$num = fgets($fp,5);
$num += 1;
print "Número de visitas: ";
```

```
echo "$num";
exec( "rm -rf $cuenta");
exec( "echo $num > $cuenta");
}
if (!file_exists($cuenta))
{
exec( "echo 1 > $cuenta");
}
contador($cuenta);
?>
```

15.2.2 Recuento de visitas de todo el portal

A continuación explicaremos cómo crear una página en la que visualicemos todas las visitas al completo que recibe nuestro portal, es decir, las visitas de cada página en un listado.

Esto es de gran utilidad ya que así no tenemos que ir viendo página por página para comprobar cuáles son las más visitadas o el número de visitas que tiene cada una. Es obvio que la página que más visitas puede contener será la página princial (index), ya que por esta accederá la mayoría de nuestros usuarios, aunque puede que muchos otros usuarios que ya conocen nuestro portal accedan directamente desde un enlace a otra sección de la página web que desean visitar.

15.2.2.1 EJEMPLO 1

A continuación vamos a ver un pequeño ejemplo de cómo visualizar los contadores de cuatro de las páginas de las que se compone nuestro portal. Recuerde que podemos modificarlo para poder visualizar todas las que deseemos.

En cada una de nuestras páginas hemos de incluir el código que se muestra en el ejemplo 14.2.1, para lo que simplemente habrá que modificar la variable $cuenta, ya que cada una de las páginas que lleve contador deberá hacer referencia a un fichero ***.txt** diferente, es decir, **visitas1.txt, visitas2.txt, visitas3.txt**, etc.

Este sería el código de ejemplo para visualizar las visitas de cuatro de las páginas web de nuestro portal. Si fuesen más de cuatro, el proceso sería igual de sencillo que este, tan solo sería necesario repetirlo, modificando el nombre de los ficheros.

```
<html>
<head>
<title>Creación de un portal con PHP y MySQL
</title>
</head>
<body bgcolor = "#303030">
<body text = "#E5E5E5">
<font face = "tahoma">
<font size = "2">
<body link = "#E5E5E5" vlink ="E0E0E0">
<h3><p align="center">RESUMEN DE VISITAS DEL PORTAL</p></h3>
<hr size="8" color="ffffff">
<?php
print ("Las visitas de la página A son: ");
include ("visitas.txt");
echo "<hr size = 2 color = ffffff width = 35% align = left>";
echo "<br>";
print ("Las visitas de la página B son: ");
include ("visitas2.txt");
echo "<hr size = 2 color = ffffff width = 35% align = left>";
echo "<br>";
print ("Las visitas de la página C son: ");
include ("visitas3.txt");
echo "<hr size = 2 color = ffffff width = 35% align = left>";
echo "<br>";
print ("Las visitas de la página D son: ");
include ("visitas4.txt");
echo "<hr size = 2 color = ffffff width = 35% align = left>";
?>
```

Así haríamos hasta incluir tantos contadores como tengamos en nuestro portal. Como se puede observar, los ficheros donde se almacenan las visitas de cada página los hemos ido nombrando como **visitas.txt**, **visitas2.txt**, etc. Cada uno corresponde a cada una de las páginas de nuestra web.

15.2.2.2 EJEMPLO 2

Pero aún podemos rizar un poco más el rizo y mejorar la imagen de este resumen de visitas de nuestro portal, para poder interpretar de una manera más eficaz los datos obtenidos. Para dar a esta misma página un sentido visual que nos ayude a interpretar los datos obtenidos, vamos a implementar el código del ejemplo anterior y a incluir un espacio en el que se mostrará el porcentaje de visitas que recibe cada página, señalado, además, con una barra.

Para realizar el siguiente ejemplo es necesario emplear una imagen que será la que creará una barra que implemente el porcentaje de visitas de cada web, la imagen será un cuadrado de reducidas dimensiones, como el que podemos ver en la figura 15.2.

Figura 15.2

El ejemplo completo queda de la siguiente manera:

<html>
<head>
<title>Creación de un portal con PHP y MySQL
</title>
</head>
<body bgcolor = "#303030">
<body text = "#E5E5E5">
<font face = "tahoma">
<font size = "2">
<body link = "#E5E5E5" vlink ="E0E0E0">
<h3>
<p align="center">RESUMEN DE VISITAS DEL PORTAL</p>
</h3>
<hr size="8" color="ffffff">
<?php
print ("Las visitas de la página A son: ");
include ("visitas.txt");
echo "<hr size = 2 color = ffffff width = 25% align = left>";
echo "<br>";
print ("Las visitas de la página B son: ");
include ("visitas2.txt");
echo "<hr size = 2 color = ffffff width = 25% align = left>";
echo "<br>";
print ("Las visitas de la página C son: ");
include ("visitas3.txt");
echo "<hr size = 2 color = ffffff width = 25% align = left>";
echo "<br>";
print ("Las visitas de la página D son: ");

```
include ("visitas4.txt");
echo "<hr size = 2 color = ffffff width = 25% align = left>";
echo "<br><br>";
/*A partir de aquí se crean los gráficos que mostrarán el porcentaje de
visitas de cada una de las páginas.*/
echo "<hr size=8 color=ffffff>";
$archivo1 = "visitas.txt";
$archivo2 = "visitas2.txt";
$archivo3 = "visitas3.txt";
$archivo4 = "visitas4.txt";
$abre1 = fopen($archivo1, "r");
$abre2 = fopen($archivo2, "r");
$abre3 = fopen($archivo3, "r");
$abre4 = fopen($archivo4, "r");
$total1 = fread($abre1, filesize($archivo1));
$total2 = fread($abre2, filesize($archivo2));
$total3 = fread($abre3, filesize($archivo3));
$total4 = fread($abre4, filesize($archivo4));
$visitas=$total1+$total2+$total3+$total4;
$por1=$total1*100/$visitas;
$por1=intval ( $por1 ,10);
$por2=$total2*100/$visitas;
$por2=intval ( $por2 ,10);
$por3=$total3*100/$visitas;
$por3=intval ( $por3 ,10);
$por4=$total4*100/$visitas;
$por4=intval ( $por4 ,10);
echo "Página A: <b>$total1</b>visitas - <b>$por1 %</b>"." "; echo
"<img height=15 width=$por1 src=figura14-2.jpg>";
echo "<br><br>";
echo "Página B: <b>$total2</b> visitas - <b>$por2 %</b>"." ";
echo "<img height=15 width=$por2 src=figura14-2.jpg>";
echo "<br><br>";
echo "Página C: <b>$total3</b> visitas - <b>$por3 %</b>"." ";
echo "<img height=15 width=$por3 src=figura14-2.jpg>";
echo "<br><br>";
echo "Página D: <b>$total4</b> visitas - <b>$por4 %</b>"." ";
echo "<img height=15 width=$por4 src=figura14-2.jpg>";
echo "<br><br><br>";
$todo=$por1+$por2+$por3+$por4;
echo "<hr size = 2 color = ffffff width = 30% align = left>";
```

echo "Total Visitas: $visitas de un $todo %";
echo "<img height=15 width=$todo src=figura14-2.jpg>";
?>

Aunque el código es muy extenso, se puede observar que no por eso es complicado de comprender, ya que es repetitivo.

En la figura 15.3 podemos ver el resultado de ejecutar este ejemplo.

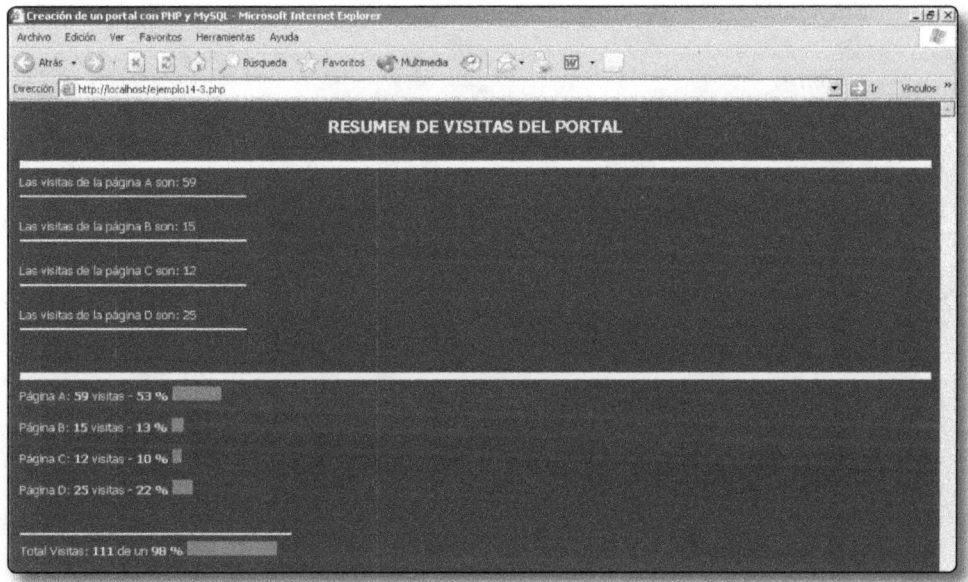

Figura 15.3

15.3 MOSTRAR EL TIEMPO DE CARGA DE NUESTRAS PÁGINAS

Cuántas veces hemos creado páginas que consideramos un poco pesadas en cuanto al volumen de imágenes, textos, operaciones, etc.

Con el ejemplo que vamos a desarrollar a continuación seremos capaces de averiguar el tiempo que tarda en crearse nuestra página web. Podemos ver algo parecido a esto en Google, que cada vez que se realiza una búsqueda indica el tiempo que ha tardado en realizarla.

A continuación vamos a estudiar dos ejemplos sencillos para apreciar la diferencia de tiempo que hay entre la carga de una página sencilla con una imagen y el tiempo de carga de otra con alguna operación en bucle.

15.3.1 Ejemplo 1

En el siguiente ejemplo nos fijamos en el tiempo que tarda en cargarse una página sencilla que tiene una imagen de tan solo 52 Kb.

```
<?php
$tiempo= microtime ( );
$tiempo= explode (" ", $tiempo);
$tiempo= $tiempo[1] + $tiempo[0];
$tiempoinicial= $tiempo;
?>
<html>
<head>


<title>Creación de un portal con PHP y MySQL
</title>
</head>
<body bgcolor = "#303030">
<body text = "#E5E5E5">
<font face = "tahoma">
<font size = "2">
<body link = "#E5E5E5" vlink ="E0E0E0">
<body leftmargin = "300">
<body topmargin = "150">
<img src=foto2.jpg>
<?php
echo "<br><br><br>";
$tiempo= microtime ( );
$tiempo = explode (" ", $tiempo);
$tiempo = $tiempo[1] + $tiempo[0];
$tiempofinal= $tiempo;
$tiempototal= ($tiempofinal - $tiempoinicial);
echo "La página tardó en crearse ".$tiempototal." segundos";
?>
```

En la figura 15.4 podemos ver el tiempo que tarda en cargarse este ejemplo, que en este caso en concreto es de 0.000182867050171 segundos, como nos ha indicado al terminar la carga de la página.

Figura 15.4

15.3.2 Ejemplo 2

A continuación vamos a desarrollar otro ejemplo en el que crearemos un bucle para estudiar el tiempo que tarda en cargarse y advertir la diferencia de tiempo entre ambos ejemplos.

Notamos que, aunque apenas es apreciable, sí es sensiblemente mayor el tiempo que tarda en crearse esta página respecto al otro ejemplo. En este caso, tarda en crearse 0.0136001110077 segundos.

```php
<?php
$tiempo= microtime ();
$tiempo= explode (" ", $tiempo);
$tiempo= $tiempo[1] + $tiempo[0];
$tiempoinicial= $tiempo;
?>
<html>
<head>
<title>Creación de un portal con PHP y MySQL
</title>
</head>
<body bgcolor = "#303030">
<body text = "#E5E5E5">
<font face = "tahoma">
<font size = "2">
<body link = "#E5E5E5" vlink ="E0E0E0">
<?php
$i=1;
while ($i<1000)
{
print ("Número ".$i);
echo "<br>";
$i++;
}
?>
<?php
echo "<br><br><br>";
$tiempo= microtime ();
$tiempo= explode (" ", $tiempo);
$tiempo= $tiempo[1] + $tiempo[0];
$tiempofinal= $tiempo;
$tiempototal= ($tiempofinal - $tiempoinicial);
echo "La página tardó en crearse ".$tiempototal." segundos";
?>
```

En la figura 15.5 podemos ver este ejemplo.

Figura 15.5

15.4 FRASES ALEATORIAS AL RECIBIR A LOS USUARIOS

En este apartado vamos a crear una aplicación para insertar frases aleatorias en nuestra web. Podemos generar varias frases representativas, frases a modo de anuncio, o emplearlo como sea necesario.

Lo que hacemos con este ejemplo es que, cada vez que se carga la página, se muestre una frase entre todas las que tengamos creadas. La carga de estas frases se hará de forma aleatoria, ya que para esto empleamos una nueva función, la función *rand ( )*, que nos da un número aleatorio entre un intervalo que previamente le indiquemos.

15.4.1 Ejemplo

En el ejemplo que aparece a continuación, en vez de una frase se muestran tres. El motivo es ver el funcionamiento de la aplicación, así como comprobar que se puede repetir la misma frase, ya que, como indicamos antes, los números son aleatorios y en ocasiones se pueden repetir.

```
<html>
<head>
<title>Creación de un portal con PHP y MySQL
</title>
</head>
<body bgcolor = "#303030">
<body text = "#E5E5E5">
<font face = "tahoma">
<font size = "2">
<body link = "#E5E5E5" vlink ="E0E0E0">
<?php
$frases = array (
1=> "Hola navegante.",
2=> "Bienvenido a mi web.",
3=> "Gracias por visitarnos.",
4=> "Te recomiendo visitar nuestro foro.",
5=> "Puedes enviarnos las sugerencias que quieras.",
6=> "No dejes de visitarnos estos días, tendremos nuevas sorpresas.",
);
$aleatorio = rand (1,6);
echo "$frases[$aleatorio]";
echo "<br><br>";
$aleatorio = rand (1,6);
echo "$frases[$aleatorio]";
echo "<br><br>";
$aleatorio = rand (1,6);
echo "$frases[$aleatorio]";
?>
```

En la figura 15.6 podemos ver este ejemplo.

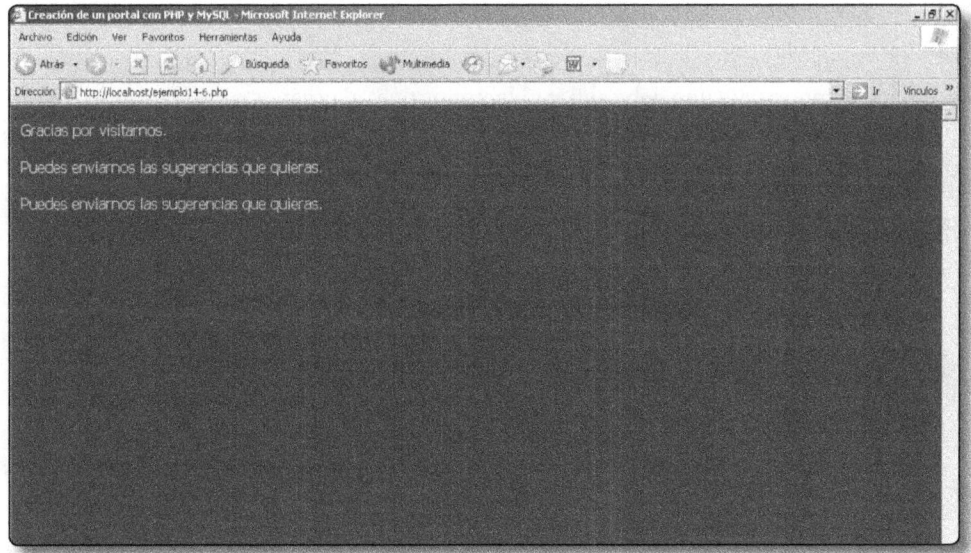

Figura 15.6

15.5 RECOMENDAR NUESTRA WEB A UN AMIGO

En este apartado vamos a explicar cómo realizar una aplicación para que los usuarios de nuestra web se la recomienden a otros usuarios. Es evidente que esta aplicación es de lo más útil, ya que, como sabemos, uno de los canales más importantes para la promoción de nuestra web son los mismos usuarios, es decir, si un usuario visita nuestra web y le parece interesante en cuanto a diseño o contenidos, seguro que, en primer lugar, volverá a visitarnos y, en segundo lugar, se la recomendará a sus conocidos.

Para crear esta pequeña aplicación, nos encontramos con una nueva instrucción de PHP, la función **mail ( )**, muy útil para enviar correos electrónicos sin necesidad de disponer de un gestor de correo electrónico.

La función **mail ( )** tiene que estar formada por tres partes principalmente: la dirección, el asunto del mensaje y el mensaje; pero además de estas se pueden añadir otras.

La sintaxis es: mail (<emaildestino>,<asunto>, <mensaje>, [otros]);.

15.5.1 Ejemplo

Vamos a realizar el ejemplo para que los usuarios recomienden nuestra web. Algo muy importante que debe saber el lector es que, al crear esta aplicación en modo local, no verá su resultado, ya que al trabajar en local no recibiremos *e-mail*, a no ser que tengamos instalado en nuestro ordenador un servidor de correo electrónico. Para probarlo correctamente existen dos opciones. Una de ellas sería instalar un servidor de correo electrónico o probar este ejemplo en un servidor alojado en Internet, con el cual sí recibiríamos los correos para comprobarlo.

En este ejemplo debemos crear dos ficheros: el primero será un formulario HTML, donde el usuario introduce los datos; el otro será un fichero PHP, que procesa los datos recibidos en el formulario para enviar el correo electrónico. Al formulario lo llamaremos **ejemplo14-7**; al fichero PHP que procesa los datos, **recomendar.php**.

Primero creamos el formulario:

<html>
<head>
<title>
Creación de un portal con PHP y MySQL
</title>
</head>
<body bgcolor = "#303030">
<body text = "#E5E5E5">
<font face = "tahoma">
<font size = "2">
<body link = "#E5E5E5" vlink ="E0E0E0">
<form method="POST" action="recomendar.php">
<p>
<h2>

Recomienda este sitio a un amigo:

</h2>
</p>
<p>

Tu nombre:

*
*
<input type="text" name="tunombre" size="20">
*
*

Tu email:

*
*
<input type="text" name="tuemail" size="20">
*
*

Nombre de tu amigo:

*
*
<input type="text" name="nombreamigo" size="20">
*
*

E-mail de tu amigo:

*
*
<input type="text" name="emailamigo" size= "20">
*
*
*
*
<input type="submit" value="Recomienda" name="B1">
</p>
</form>

En la figura 15.7 vemos el formulario:

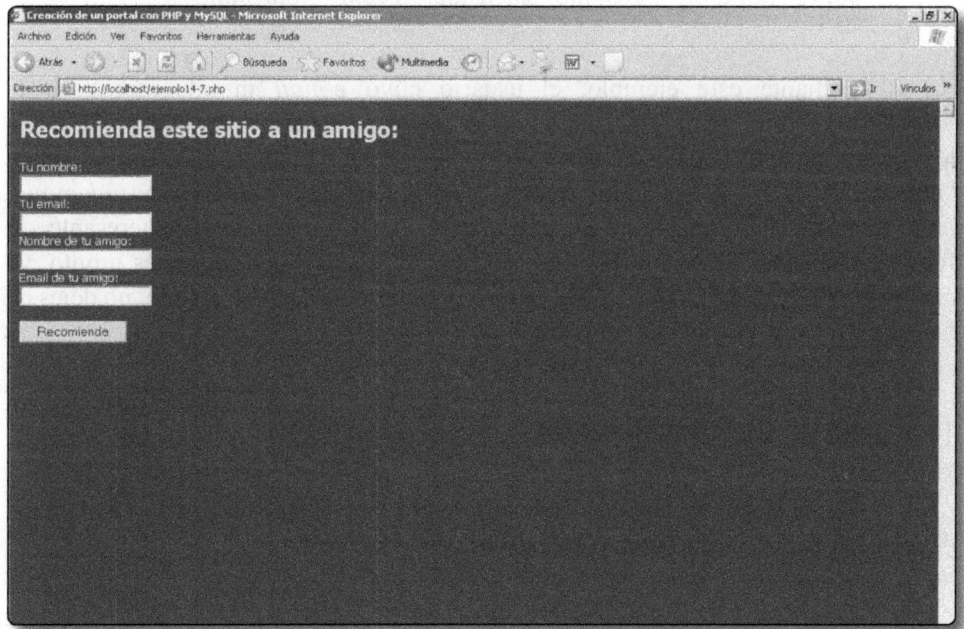

Figura 15.7

A continuación vemos el código del fichero que procesa los datos recibidos del formulario: **recomendar.php**:

```
<html>
<head>
<title>
Creación de un portal con PHP y MySQL
</title>
</head>
<body bgcolor = "#303030">
<body text = "#E5E5E5">
<font face = "tahoma">
<font size = "2">
<body link = "#E5E5E5" vlink ="E0E0E0">
<?php
$asunto = "Te recomiendo visitar este portal.";
$mensaje = "Hola ".$nombreamigo.", soy ".$tunombre." Te recomiendo visitar www.tudominio.com, un portal en el que podrás encontrar información muy interesante, un foro muy sencillo y con muchísima información. Espero que lo visites pronto, ya que estoy convencido de que te va a gustar. Por cierto, si es de tu agrado, no dejes de firmar el libro de visitas.";
mail($emailamigo, $asunto, $mensaje, "From: ".$tuemail);
?>
```

Mediante este ejemplo, el usuario cuyo *e-mail* introduzcamos en el formulario recibirá un mensaje con el título "Te recomiendo visitar este portal", que le indicará quién es la persona que se lo envía, así como el texto del mensaje: "Hola "nombredelamigo", soy "aquitunombre". Te recomiendo visitar *www.tudominio.com*, un portal en el que podrás encontrar una   información muy interesante, un foro muy sencillo y con muchísima información. Espero que lo visites pronto, ya que estoy convencido de que te va a gustar. Por cierto, si es de tu agrado, no dejes de firmar el libro de visitas".

15.6 CAMBIAR UNA IMAGEN SEGÚN EL DÍA DE LA SEMANA

Con el siguiente ejemplo desarrollaremos una sencilla aplicación con la que podremos insertar una imagen para cada día de la semana.

15.6.1 Ejemplo

En este sencillo ejemplo hacemos uso de nuevo de la función *date ( )*. Lo único necesario es tener creada una imagen para cada día de la semana en inglés, ya que la función *date ( )* maneja el idioma inglés Los nombres serían Lunes=monday.gif, Martes=tuesday.gif, Miércoles=wednesday.gif, Jueves=thursday.gif, Viernes=friday.gif, Sábado=saturday.gif, Domingo=sunday.gif.

<html>
<head>
<title>
Creación de un portal con PHP y MySQL
</title>
</head>
<body bgcolor = "#303030">
<body text = "#E5E5E5">
<font face = "tahoma">
<font size = "2">
<body link = "#E5E5E5" vlink ="E0E0E0">
<body leftmargin = "300">
<body topmargin = "150">
<?php
$fecha = date ("l");
$fecha = $fecha.".gif";
echo "<img src = \"$fecha\">";
?>

En la figura 15.8 podemos ver el resultado de este ejemplo.

Figura 15.8

En este ejemplo obtenemos una imagen que se mostrará según el día de la semana.

Este ejemplo podríamos utilizarlo creando un formato de imagen como si fueran *banners*. Por ejemplo, si nuestro portal fuese una tienda, cada día de la semana podríamos mostrar un *banner* con una oferta o promoción.

15.7 PROTEGER PÁGINAS CON CONTRASEÑA

Con esta pequeña y sencilla aplicación conseguimos crear una página protegida con un nombre de usuario y contraseña, para que solo accedan a ella usuarios que conozcan estos datos.

15.7.1 Ejemplo

En primer lugar creamos un pequeño formulario que recoge los datos del usuario para posteriormente enviarlos a la página **comprueba.php**, que es la que verifica que el usuario y la contraseña son correctos. Si son correctos, muestra un mensaje de bienvenida; si no lo son, muestra un mensaje de error.

```
<html>
<head>
<title>Creación de un portal con PHP y MySQL
</title>
</head>
<body bgcolor = "#303030">
<body text = "#E5E5E5">
<font face = "tahoma">
<font size = "2">
<body link = "#E5E5E5" vlink ="E0E0E0">
<body leftmargin = "300">
<body topmargin = "150">
<table border="0">
<form method="POST" action="comprueba.php">
<tr><td>Usuario: </td>
<td><input type="text" name="usuario" size="20"></td></tr>
<tr>
<td>Contraseña: </td>
<td><input type="password" name="pass" size="20"></td> </tr>
<tr>
```

```
<td>
<input type="submit" value="Enviar" name="privado">
</td>
</tr>
</table>
```

En la figura 15.9 podemos ver el formulario principal.

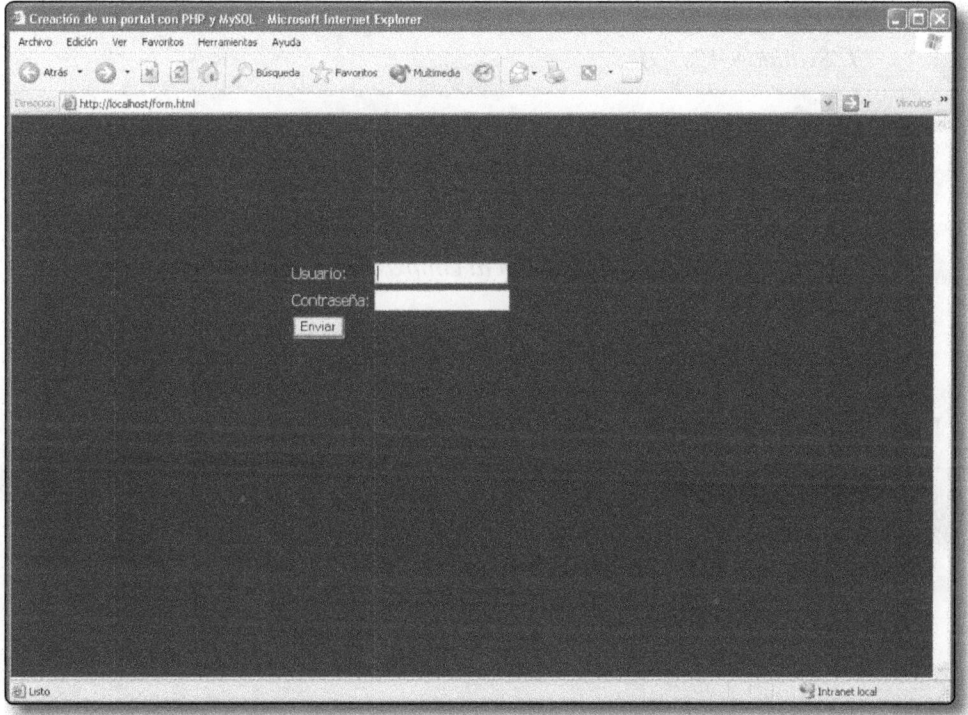

Figura 15.9

Este es el código correspondiente al fichero **comprueba.php**, el cual se encargará de verificar los datos recibidos por el formulario.

```
<html>
<head>
<title>Creación de un portal con PHP y MySQL
</title>
</head>
<body bgcolor = "#303030">
<body text = "#E5E5E5">
<font face = "tahoma">
```

```
<font size = "2">
<body link = "#E5E5E5" vlink ="E0E0E0">
<body leftmargin = "300">
<body topmargin = "150">
<?php
if ($usuario=="tuusuario" && $pass=="tuclave"){
$valido="si";
} else {
$valido="no";}
if ($valido=="si"){
?>
Bienvenido, has introducido correctamente el usuario y la contraseña.
<?php
} else {
?>
Vuelve a intentarlo, el usuario o la contraseña son incorrectos.
<?php } ?>
```

16

APLICACIONES MUY ÚTILES PARA NUESTRA WEB

16.1 CREACIÓN DE UN FORO

El foro es una aplicación casi imprescindible hoy en cualquier portal que nos encontremos. En él los usuarios podrán exponer sus dudas para que expertos en alguna materia o nosotros mismos (el *webmaster*) podamos resolverlas. A su vez, también puede ser utilizado como tablón de anuncios.

Si navegamos por Internet, comprobaremos que ya hoy cualquier portal dispone de su propio foro; algunos incluso disponen de varios.

En el siguiente ejemplo vamos a mostrar cómo se crea un foro sencillo, pero totalmente operativo y con todas las funciones necesarias.

16.1.1 Ejemplo

Para crear el foro, lo primero que debemos hacer es elaborar una tabla. Después necesitaremos, además, cuatro ficheros.

Lo primero que haremos es crear la base de datos, que llamaremos **foro**, y la tabla para el foro. Podemos crear diferentes foros, a los que podemos ir llamando sucesivamente **foro2**, **foro3**, etc., empleando una única base de datos y creando simplemente nuevas tablas de igual forma que la que vamos a crear a continuación.

Lo primero que hacemos es, en phpMyAdmin, crear la base de datos **foro** y la tabla **foro1**, que contendrá los campos **id**, **autor**, **título mensaje**, **fecha**, **respuestas** e **identificador**.

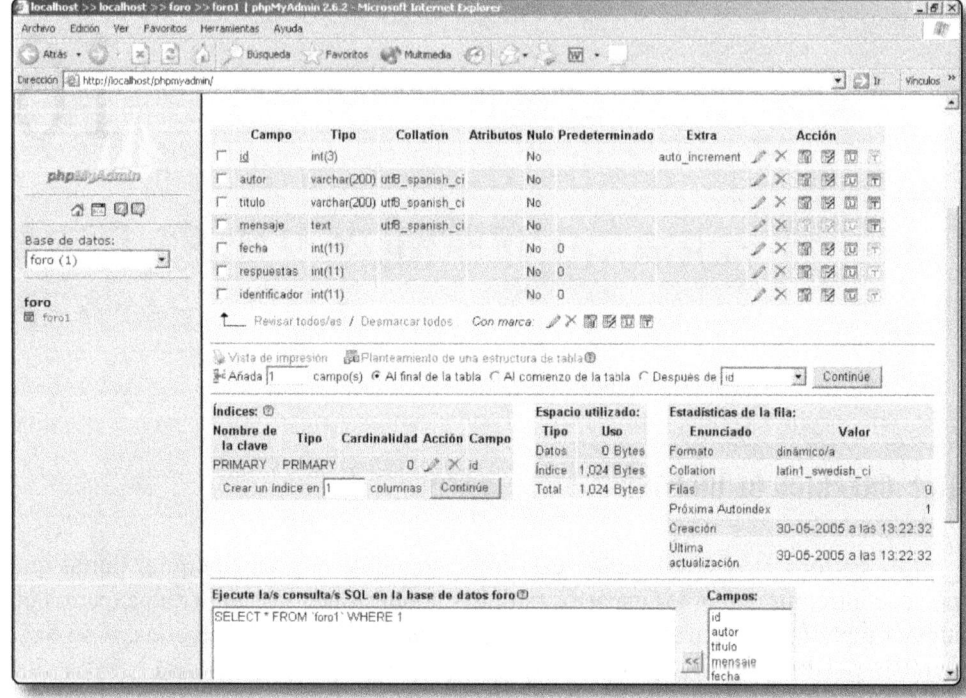

Figura 16.1

El primer fichero que crearemos en este ejemplo lo llamaremos **indexforo.php**. Será la página principal del foro. En ella veremos todos los mensajes que existen, ordenados según su fecha de creación, así como el número de respuestas que contienen.

Por último, pondremos un enlace para añadir nuevos mensajes. Al lado de cada título habrá un *link* con la palabra "Ver".

Fichero indexforo.php

<head>
<title>Creación de un portal con PHP y MySQL</title>
</head>
<body bgcolor = "#303030">
<body text = "#E5E5E5">
<font face = "tahoma">

```
<font size = "2">
<body link = "#E5E5E5" vlink ="E0E0E0">
<p align = "center">
<font size="4">
<u>Foro del portal de coches </u>
</font></p>
<table width="100%" border="0" cellspacing="0" cellpadding="0">
<br><br>
<tr>
<td width="5%"></td>
<td width="35%">
<b>TITULO</b>
</td>
<td width="30%">
<b>FECHA</b>
</td>
<td width="30%">
<b>RESPUESTAS</b>
</td></tr></table>
<?php
$host="127.0.0.1";
$user="usuario";   // Poner aquí nuestro nombre de usuario
$password="pass";   // Poner aquí nuestra contraseña
$db="foro";
$connect=mysql_connect($host,$user,$password);
mysql_select_db("foro", $connect);
$consulta = mysql_query("SELECT * from foro1 WHERE identificador = 0 ORDER BY fecha DESC",$connect);
$lado=mysql_num_rows($consulta);
echo "<hr size = 10 color = ffffff width = 100% align = left>";
while($row = mysql_fetch_array($consulta)) {
$titulo= $row ["titulo"];
$id=$row["id"];
$titulo=$row["titulo"];
$fecha=$row["fecha"];
$respuestas=$row["respuestas"];
echo("<table width='100%' border='0' cellspacing='0' cellpadding='0'>\n");
echo("<tr>\n");
echo("<td width='5%'><a href= foroforo.php?id=$id> Ver</a></td>\n");
```

```
echo("<td width='30%'>$titulo</a></td>\n");
echo("<td width='30%'>". date("d-m-y",$fecha)."</td>\n");
echo("<td width='30%'>$respuestas</td>\n");
echo("</tr>\n");

echo("</table>\n");
echo "<hr size = 2 color = ffffff width = 100% align = left>";
}
?>
<br><p align = "center">
<font face="arial" size="1">
<a href= "formularioforo.php?respuestas=0">
Añadir mensaje</a></p>
</font>
```

En la figura 16.2 vemos la imagen correspondiente a este fichero, que es la página principal del foro, donde podemos apreciar las cabeceras de los mensajes del foro.

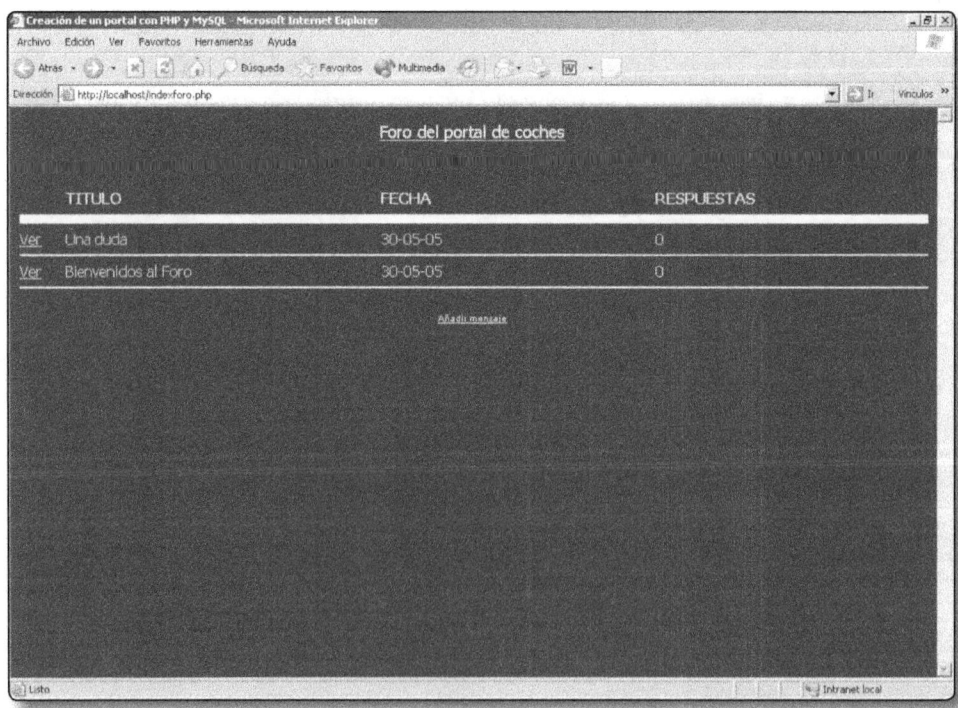

Figura 16.2

El siguiente fichero será **formularioforo.php**, un pequeño formulario en el que los usuarios podrán insertar nuevos mensajes o respuestas a mensajes ya existentes en el foro. Será un sencillo fichero con código HTML con un breve formulario.

Fichero formularioforo.php

```
<head>
<title>Creación de un portal con PHP y MySQL
</title>
</head>
<body bgcolor = "#303030">
<body text = "#E5E5E5">
<font face = "tahoma">
<font size = "2">
<body link = "#E5E5E5" vlink ="E0E0E0">
<p align="center">
<font size="4">
<u>Formulario para insertar un mensaje en el foro</u>
</font>
</p>
<form action="addforo.php">
<input type="hidden" name="respuestas" value="<?php echo $respuestas;?>">
<input type="hidden" name="identificador" value="<?php echo $id;?>">


AUTOR:<input type="text" name="autor" size ="25">
<br><br>
TITULO:<input type="text" name="titulo" size="25">
<br>
<br>
MENSAJE: <textarea name="mensaje">
</textarea>
<br>
<br>
<input type=submit value="Enviar">
</form>
```

El siguiente fichero, **addforo.php**, permite ver el fichero anterior, al cual nos remite cuando pulsamos el botón **Enviar**. Su función es reunir los datos que introducen los usuarios en el formulario para insertarlos en la base de datos y así poder visualizar los mensajes o respuestas en el foro.

Para responder a algún mensaje ya publicado del foro se emplean este fichero y el anterior con dos funciones diferentes para nuestra página: insertar nuevos mensajes o insertar respuestas.

En la figura 16.3 podemos ver el resultado de ejecutar el fichero **formularioforo.php**, que, como podemos ver, es simplemente un formulario donde insertar los datos para que se muestre el mensaje.

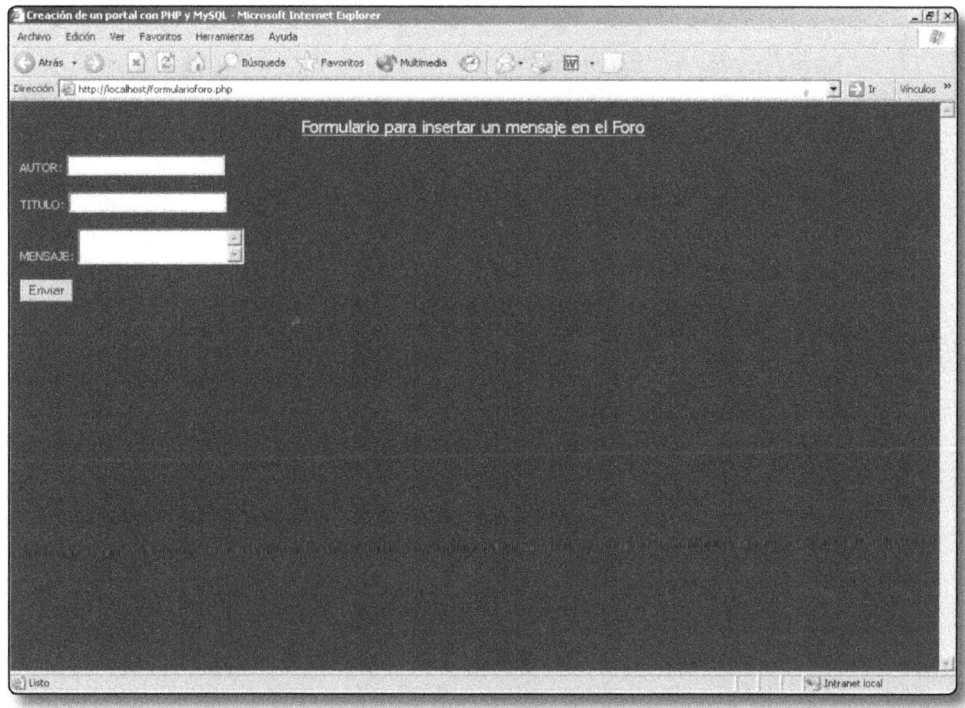

Figura 16.3

Fichero addforo.php

<head>
<title>Creación de un portal con PHP y MySQL</title>
</head>
<body bgcolor = "#303030">
<body text = "#E5E5E5">
<font face = "tahoma">
<font size = "2">
<body link = "#E5E5E5" vlink ="E0E0E0">
<p align = "center">

```php
<font size="2">
<?php
$host="127.0.0.1";
$user="usuario";   // Poner aquí nuestro nombre de usuario
$password="pass";  // Poner aquí nuestra contraseña
$db="foro";
$enlace = mysql_connect($host, $user, $password);
mysql_select_db($db,$enlace);
$fecha = time();
if(empty($identificador))
{ $identificador=0; }
$respuesta = $respuestas+1;
$sql = "INSERT INTO foro1 (autor, titulo, mensaje, fecha, identificador)
VALUES ('$autor', '$titulo', '$mensaje', '$fecha', '$identificador') ";
mysql_query($sql);
$sql2 ="UPDATE foro1 SET respuestas = '$respuesta' WHERE id =
'$identificador'";
mysql_query($sql2);
$resultado=mysql_query("SELECT '$mensaje' FROM foro1 WHERE
mensaje='$mensaje'",$enlace);
while ($registro = mysql_fetch_row($resultado))
{
echo "<tr>";
foreach($registro as $clave)
{
echo "<td>",$clave,"</td>";
}
}
echo "<br><br>";
echo "<a href=indexforo.php>Volver al foro</a> </font> </center>";
?>
```

Para terminar con el ejemplo del foro, el último fichero que necesitamos lo llamaremos **foroforo.php** y será el encargado de mostrarnos el contenido de los mensajes y respuestas. Cada vez que pulsemos en un mensaje para visualizarlo, podremos ver su contenido y el de las respuestas (si las tuviera).

En la figura 16.4 vemos el resultado que se obtiene cada vez que insertamos un mensaje en el foro.

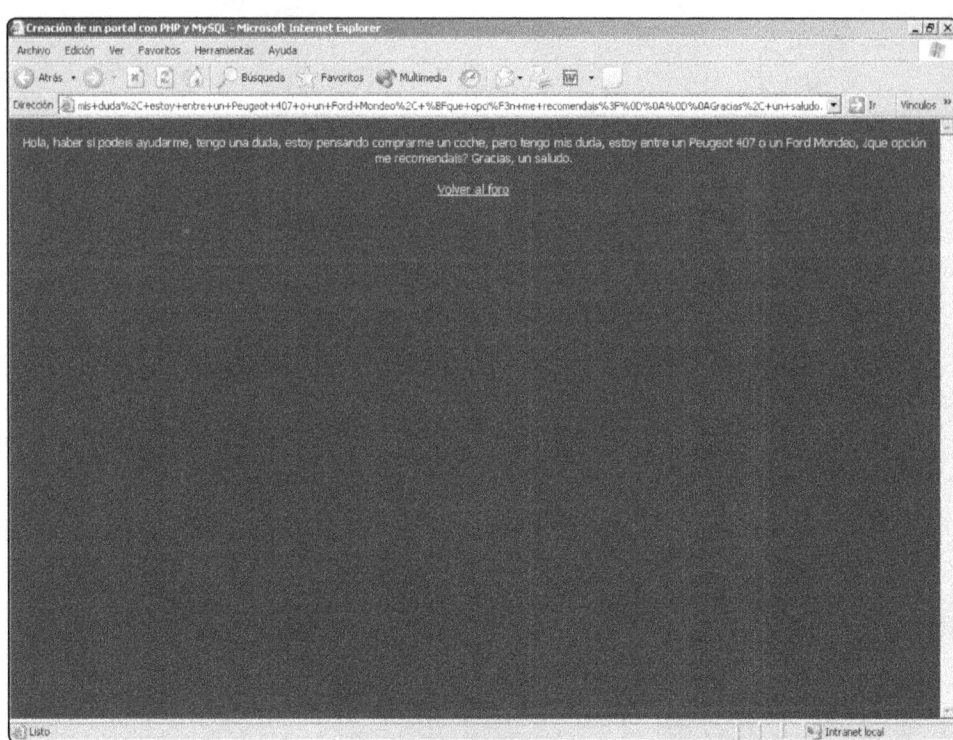

Figura 16.4

Fichero foroforo.php

<head>
<title>Creación de un portal con PHP y MySQL
</title>
</head>
<body bgcolor = "#303030">
<body text = "#E5E5E5">
<font face = "tahoma">
<font size = "2">
<body link = "#E5E5E5" vlink ="E0E0E0">
<p align = "center">
<font size="4">
<u>Leyendo mensaje del Foro</u>
</font></p>
<?php
$host="127.0.0.1";

```
$user="usuario";   // Poner aquí nuestro nombre de usuario
$password="pass";   // Poner aquí nuestra contraseña
$db="foro";
$enlace = mysql_connect($host,$user,$password);
mysql_select_db($db,$enlace);
$consulta = mysql_query("SELECT * FROM foro1 WHERE id= '$id'
ORDER BY fecha DESC",$enlace);
while($row = mysql_fetch_array($consulta)) {
$titulo=$row["titulo"];
$autor=$row["autor"];
$mensaje=$row["mensaje"];
$id=$row["id"];
$fecha=$row["fecha"];
$respuestas=$row["respuestas"];
echo "<table><tr><td>TITULO: $titulo</td><tr>";
echo "<td>AUTOR: $autor</td></tr>";
echo "<tr><td>$mensaje</td></tr></table>";
echo "<center><font face=arial size=1>";
echo "<a href=formularioforo.php?id= $id&respuestas= $respuestas>";
echo "<br><br>";
echo "Añadir mensaje</a> ";
echo "<a href=indexforo.php>Volver al foro</a></font> </center>";
}
$consulta2 = mysql_query("SELECT * FROM foro1 WHERE identificador
= '$id' ORDER BY fecha DESC",$enlace);
echo "RESPUESTAS:<br><hr>";
while($row = mysql_fetch_array($consulta2)){
$titulo=$row['titulo'];
$autor=$row['autor'];
$mensaje=$row['mensaje'];
$id=$row['id'];
$fecha=$row['fecha'];
$respuestas=$row['respuestas'];
echo "<table><tr><td>TITULO: $titulo</td></tr>";
echo "<tr><td>AUTOR: $autor</td></tr>";
echo "<tr><td>MENSAJE: $mensaje</td></tr></table>";
} ?>
```

En la figura 16.5 podemos ver el resultado de seleccionar un mensaje del foro. A su vez, y si existen, se visualizarán las respuestas que contenga el mismo mensaje.

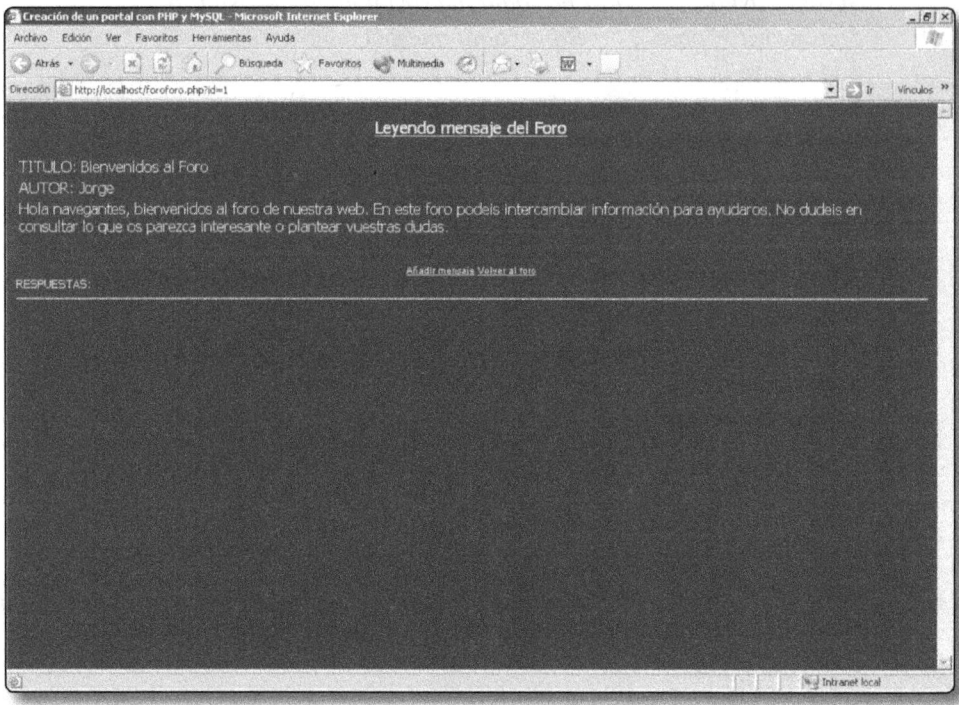

Figura 16.5

16.1.2 phpBB

Tras haber creado nuestro primer foro, el cual podemos mejorar en muchos aspectos, principalmente en cuanto a diseño, comprobamos que existen alternativas desarrolladas por miembros de la comunidad de desarrolladores de PHP. Una de ellas es la aplicación phpBB.

¿Qué es phpBB? Es una completa aplicación para la **gestión dinámica de foros**. Cabe destacar, además, que gracias a su potencia y versatilidad, phpBB es una de las aplicaciones para foros más utilizadas en Internet.

¿Qué ganamos al emplear phpBB? Gracias a phpBB obtendremos ventajas tales como el control absoluto sobre la utilización incorrecta del foro por parte de usuarios (por ejemplo, el envío de *spam* a los foros). Gracias a los moderadores, estas actividades pueden ser detectadas con suficiente facilidad. Otra de las grandes ventajas es que disponemos de amplias posibilidades de administración, ya que se trata de una aplicación muy completa.

Su web oficial es *http://www.phpbb.com*. En esta página podemos encontrar toda la información que necesitamos para utilizarla en nuestra web. Si accedemos a la sección **download**, podremos descargar la aplicación.

Una vez la hayamos descargado, descomprimimos el archivo en la misma carpeta que empleamos para almacenar nuestros archivos de prueba.

El siguiente paso será abrir en nuestro navegador la dirección *http://localhost*, donde podemos ver que aparece una nueva carpeta, en este caso **phpBB2**. Pulsamos sobre ella para acceder a la aplicación; veremos que lo primero que tenemos que hacer es configurar la aplicación para poder utilizarla en nuestra web. Podemos ver la pantalla inicial en la figura 16.6.

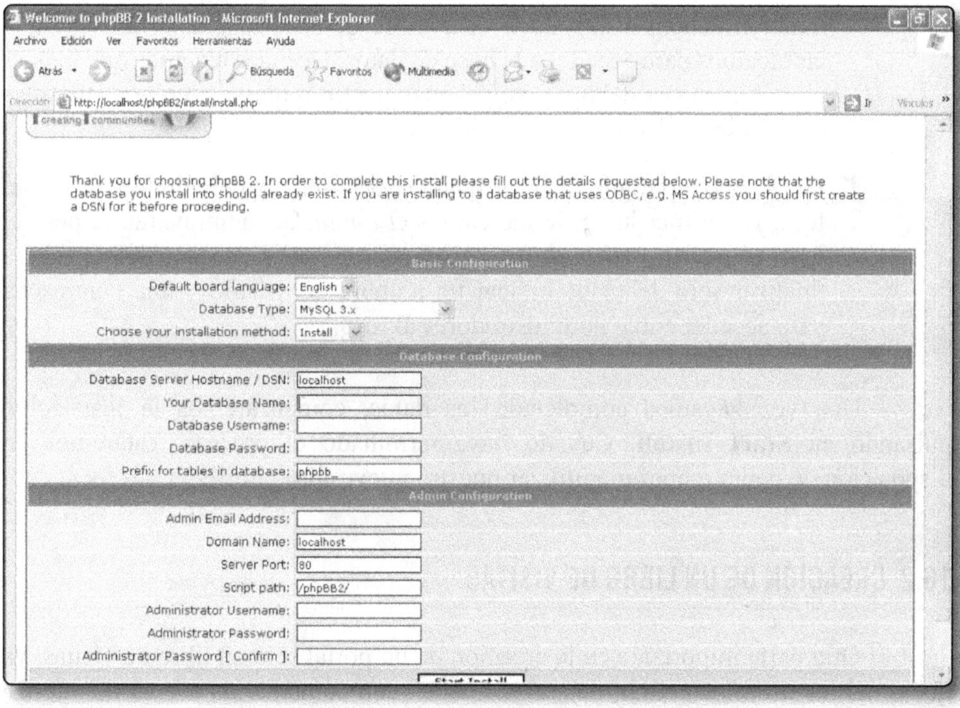

Figura 16.6

En esta página inicial debemos configurar nuestro foro phpBB de la siguiente forma:

- En el primer campo del formulario, el idioma, lo dejamos como está, ya que no existe otra opción.

- En el campo **Database Type** seleccionaremos **MySQL 4.x/5.x**, que es el que estamos utilizando a lo largo de este libro.

- El campo **Installation** lo dejamos como aparece, con la opción **Install**.

- El siguiente paso es configurar la base de datos. El nombre del *host* lo dejaremos como aparece: **localhost**. Los siguientes pasos serán indicar el nombre de la base de datos que queramos darle, en este caso, **forophpbb**; también debemos introducir el nombre de usuario y la contraseña que empleamos para acceder a la base de datos. Después tenemos que indicar el prefijo que irá delante y con el que queremos que se nombren las tablas de la base de datos que vamos a crear.

- Por último, configuramos los datos necesarios para el administrador del foro. En primer lugar, le indicamos el *e-mail* del administrador, pero el *host*, el puerto y el *path* los dejamos como aparecen por defecto. Para finalizar solo debemos indicar un nombre de usuario y una contraseña para acceder como administradores al foro.

Una vez hayamos completado los datos, comenzaremos la instalación pulsando en **Start Install**. Cuando haya terminado el proceso, estaremos en disposición de poder empezar a utilizar nuestro nuevo foro phpBB.

16.2 CREACIÓN DE UN LIBRO DE VISITAS

Otra parte importante en la creación de un portal será un libro de visitas, ya que en él los usuarios podrán dejar "su huella" con comentarios acerca de nuestro portal, como pueden ser felicitaciones, críticas (aunque lo ideal es que estas sean las menos), mejoras que podríamos realizar, comentarios acerca del diseño o la utilidad que le han encontrado a nuestro portal, etc.

La forma de crear el libro de visitas será muy parecida a la de crear el foro, pero con pequeñas diferencias, ya que, por ejemplo, en este caso no tendremos respuestas a cada mensaje del libro de visitas, puesto que, en él, el usuario solo escribe una vez y su mensaje no ha de tener respuesta.

16.2.1 Ejemplo

Necesitaremos crear una base de datos con una tabla y, además, los mismos cuatro ficheros que para el foro, pero con pequeñas variaciones.

La base de datos que crearemos se llamará **libro** y la tabla **libro1**. Para crear esta tabla seguiremos los mismos pasos que en el ejemplo del foro, solo cambian los nombres y que no debemos crear el campo respuestas.

El primer fichero que crearemos se llamará **indexlibro.php**. Será la página principal del libro de visitas y en ella veremos todos los mensajes ordenados según su antigüedad y con la fecha de creación.

Al igual que en el foro, junto al título de cada mensaje pondremos un enlace con la palabra "Ver" donde podremos pulsar para leer el mensaje del libro de visitas que haya puesto el visitante.

Fichero indexlibro.php

\<head\>
\<title\>Creación de un portal con PHP y MySQL\</title\>
\</head\>
\<body bgcolor = "#303030"\>
\<body text = "#E5E5E5"\>
\<font face = "tahoma"\>
\<font size = "2"\>
\<body link = "#E5E5E5" vlink ="E0E0E0"\>
\<p align = "center"\>
\<font size="4"\>
\<u\>Libro de Visitas \</u\>
\</font\>
\</p\>
\<table width="100%" border="0" cellspacing="0" cellpadding="0"\>
\<br\>\<br\>\<tr\>
\<td width="5%"\>
\</td\>
\<td width="55%"\>
\<b\>TITULO\</b\>
\</td\>
\<td width="40%"\>
\<b\>FECHA\</b\>
\</td\>\</tr\>
\</table\>

```php
<?php
$host="127.0.0.1";
$user="user";   // Poner aquí nuestro nombre de usuario.
$password="pass";   // Poner aquí nuestra contraseña.
$db="libro";
$enlace = mysql_connect($host,$user,$password);
mysql_select_db($db,$enlace);
$consulta = mysql_query("SELECT * from libro1 WHERE identificador = 0 ORDER BY fecha DESC",$enlace);
$lado=mysql_num_rows($consulta);
echo "<hr size = 10 color = ffffff width = 100% align = left>";
while($row = mysql_fetch_array($consulta))
{
$titulo= $row ["titulo"];
$id=$row["id"]; $titulo=$row["titulo"]; $fecha=$row["fecha"];
$respuestas=$row["respuestas"];
echo("<table width='100%' border='0' cellspacing='0' cellpadding='0'>\n");
echo("<tr>\n");
echo("<td width='5%'><a href= libro.php?id=$id>Ver</a></td>\n");
echo("<td width='55%'>$titulo</a></td>\n");
echo("<td width='40%'>". date("d-m-y",$fecha)."</td>\n");
echo("</tr>\n");
echo("</table>\n");
echo "<hr size = 2 color = ffffff width = 100% align = left>";
}
?>
<font face="arial" size="1">
<a href= "formulariolibro.php">Añadir mensaje
</a></font>
```

Al siguiente fichero lo vamos a llamar **formulariolibro.php**. Será un pequeño formulario en el que los usuarios que accedan a él podrán insertar los mensajes que deseen en el libro de visitas.

En la figura 16.7 podemos ver el resultado de ejecutar el fichero **indexlibro.php**, que será la página principal del libro de visitas.

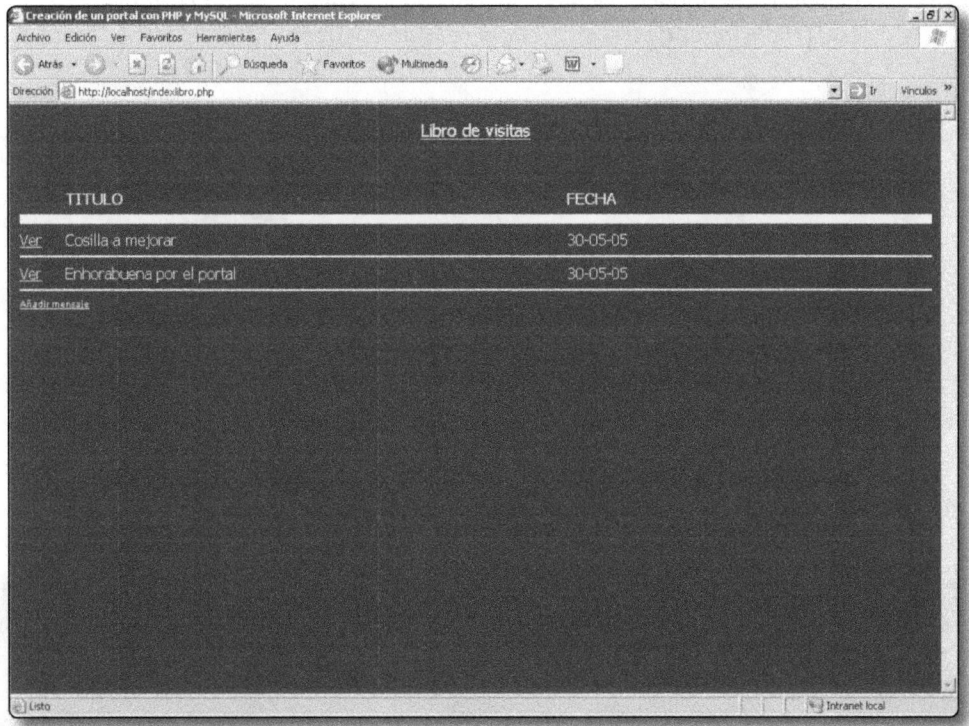

Figura 16.7

Fichero formulariolibro.php

<head>
<title>
Creación de un portal con PHP y MySQL
</title>
</head>
<body bgcolor = "#303030"><body text = "#E5E5E5">
<font face = "tahoma">
<font size = "2">
<body link = "#E5E5E5" vlink ="E0E0E0">
<p align="center"><font size="4">
<u>
Formulario para insertar un mensaje en el Libro de Visitas
</u>
</font>
</p>
<form action="addlibro.php">

```
<input type="hidden" name="identificador" value="<?php echo $id; ?>">
AUTOR: <input type="text" name="autor" size ="25">
<br>
<br>
TITULO: <input type="text" name="titulo" size ="25">
<br>
<br>
MENSAJE: <textarea name="mensaje">
</textarea>
<br>
<br>
<input type=submit value="Enviar">
</form>
```

En la figura 16.8 se muestra el formulario para insertar mensajes en el libro de visitas.

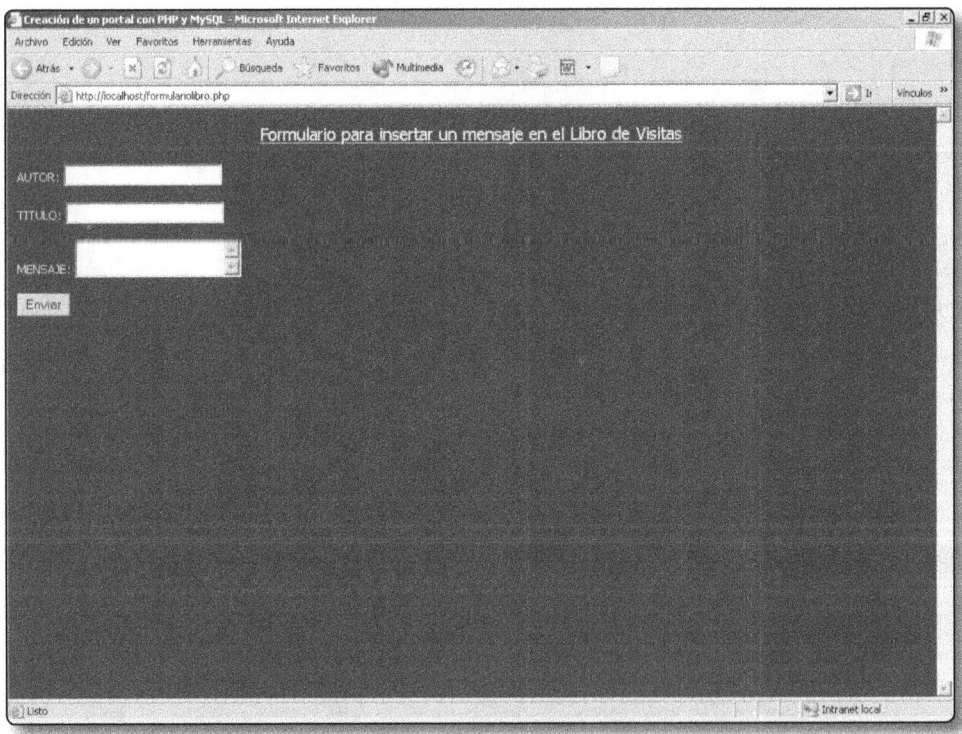

Figura 16.8

El siguiente fichero de obligada creación es **addlibro.php**. Será el encargado de procesar el mensaje para que lo insertemos en la base de datos y que quede almacenado para poder visualizarlo con el resto.

Fichero addlibro.php

```
<head>
<title>Creación de un portal con PHP y MySQL
</title>
</head>
<body bgcolor = "#303030">
<body text = "#E5E5E5">
<font face = "tahoma">
<font size = "2">
<body link = "#E5E5E5" vlink ="E0E0E0">
<?php
$host="127.0.0.1";
$user="user";   // Poner aquí nuestro nombre de usuario.
$password="pass";   // Poner aquí nuestra contraseña.
$db="libro";
$enlace = mysql_connect($host, $user, $password);
mysql_select_db($db,$enlace);
$fecha = time();
if(empty($identificador))
{
$identificador=0;
}
$respuesta = $respuestas+1;
$sql = "INSERT INTO libro1 (autor, titulo, mensaje, fecha, identificador)
VALUES ('$autor', '$titulo', '$mensaje', '$fecha', '$identificador') ";
mysql_query($sql);
$resultado=mysql_query("SELECT '$mensaje' FROM libro1 WHERE
mensaje='$mensaje'",$enlace);
while ($registro = mysql_fetch_row($resultado))
{
echo "<tr>";
foreach($registro as $clave)
{
echo "<td>",$clave,"</td>";
}
}
echo "<br>";
```

```
echo "<br>";
echo "<a href=indexlibro.php> Volver a la página principal</a></font>
</center>";
?>
```

Para terminar con el libro de visitas, el último fichero que necesitamos es **librolibro.php**, que será el encargado de mostrarnos el contenido de los mensajes del libro que queramos visualizar.

Cada vez que pulsemos en un mensaje para visualizarlo, podremos ver su contenido. Para ello necesitaremos el siguiente fichero: **librolibro.php**.

Fichero librolibro.php

```
<head>
<title>Creación de un portal con PHP y MySQL
</title>
</head>
<body bgcolor = "#303030">
<body text = "#E5E5E5">
<font face = "tahoma">
<font size = "2">
<body link = "#E5E5E5" vlink ="E0E0E0">
<p align = "center">
<font size="4">
<u>
Leyendo mensaje del Libro de Visitas
</u>
</font>
</p>
<?php
$host="127.0.0.1";
$user="user";    //Poner aquí nuestro nombre de usuario
$password="pass";   //Poner aquí nuestra contraseña
$db="libro";
$enlace = mysql_connect($host,$user,$password);
mysql_select_db($db,$enlace);
$consulta = mysql_query("SELECT * FROM libro1 WHERE id= '$id' ORDER BY fecha DESC",$enlace);
while($row = mysql_fetch_array($consulta))
{
$titulo=$row["titulo"];
$autor=$row["autor"];
```

```
$mensaje=$row["mensaje"];
$id=$row["id"];
$fecha=$row["fecha"];
echo "<table><tr><td>TITULO: $titulo</td><tr>";
echo "<td>AUTOR: $autor</td></tr>";
echo "<tr><td>$mensaje</td></tr></table>";
echo "<center><font face=arial size=1>";
echo "<br><br>";
echo "<a href=indexlibro.php>Volver al foro</a></font> </center>";
}
?>
```

16.3 FORMULARIO DE CONTACTO

En este ejemplo vamos a mostrar cómo realizar un formulario de contacto con varios campos, todos los cuales serán enviados al correo electrónico del *webmaster*.

16.3.1 Ejemplo

Lo primero será crear el formulario de contacto, al que llamaremos **form.html**, y cuyo código es:

```
<head>
<title>Creación de un portal con PHP y MySQL
</title>
</head>
<body bgcolor = "#303030">
<body text = "#E5E5E5">
<font face = "tahoma">
<font size = "2">
<body link = "#E5E5E5" vlink ="E0E0E0">
<p align = "center">
<STRONG>FORMULARIO DE CONTACTO</STRONG>
<br><br>
Inserte los datos que a continuación se solicitan y en breve nos pondremos en contacto con usted.
<form name="contacto" method="post" action="contacto.php">
<table width="90%" border="2" align="center" bordercolor="#cccccc">
<tr>
```

```
<td width="15%"><p><strong>NOMBRE:</strong></p></td>
<td colspan="3"><input name="nombre" type="text" value="" size="109">
</td>
</tr>
<tr>
<td><p><strong>APELLIDOS:</strong></p></td>
<td colspan="3"><input name="apellidos" type="text" size="109">
</td>
</tr>
<tr>
<td><p><strong>DIRECCION:</strong></p></td>
<td colspan="3"><input name="direccion" type="text" size="109">
</td>
</tr>
<tr>
<td width="15%"><p>
<strong>LOCALIDAD:</strong>
</p></td>
<td width="25%">
<input name="localidad" type="text" size="36">
</td>
<td width="15%"><p>
<strong>PROVINCIA:</strong></strong>
</p>
</td>
<td width="25%">
<input name="provincia" type="text" size="36">
</td>

</tr>
<tr>
<td>
<p>
<strong>TELEFONO:
</strong>
</p>
</td>
<td>
<input name="telefono" type="text" size="36">
</td>
```

```
<td>
<p>
<strong>E-MAIL:
</strong>
</p>
</td>
<td>
<input name="email" type="text" size="36">
</td>
</tr>
</table>
<p align="center">
<input type="submit" name="Submit" value="Enviar datos">
</p>
</form>
```

En la figura 16.9 podemos ver el formulario de contacto.

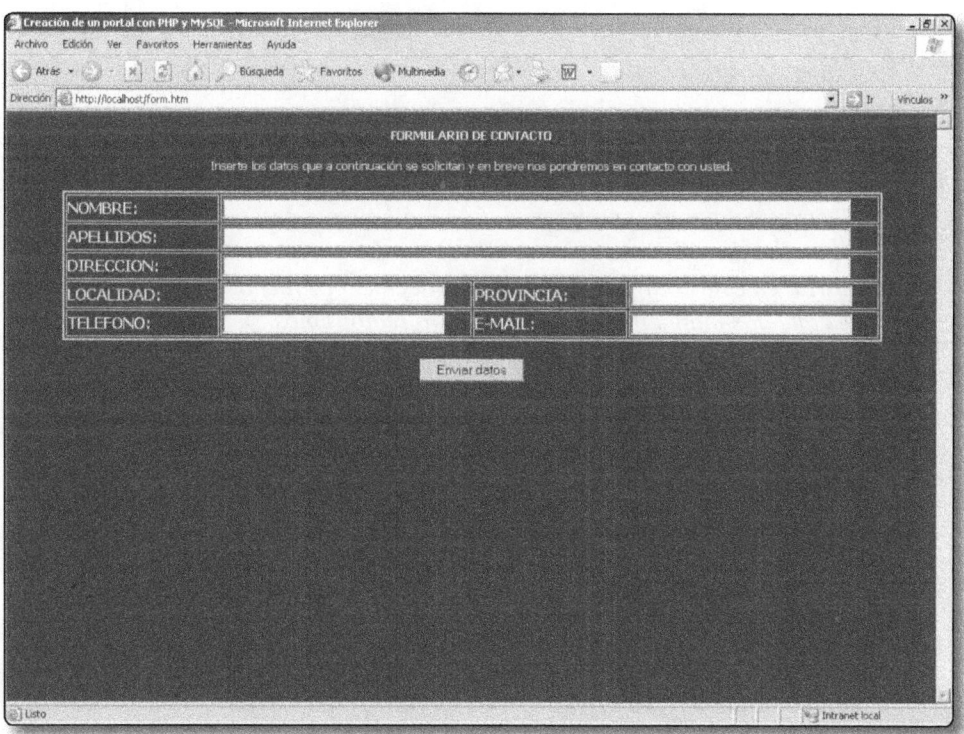

Figura 16.9

El siguiente paso es crear el fichero que reúne los datos del formulario para enviarlos al correo electrónico del *webmaster* (o al correo electrónico que nos convenga). Este fichero se llamará **contacto.php**, como ya indicamos en el formulario de contacto. Su código es:

```
<head>
<title>Creación de un portal con PHP y MySQL
</title>
</head>
<body bgcolor = "#303030">
<body text = "#E5E5E5">
<font face = "tahoma">
<font size = "2">
<body link = "#E5E5E5" vlink ="E0E0E0">
<p align = "center">
<STRONG>
Su mensaje ha sido enviado. En breve contactaremos con usted. Gracias.
</STRONG>
<?php
$fecha=date("d-m-Y");
$hora=date("H:i");
$destinatario="tucorreo@tucorreo.com";
/* El correo electrónico es un valor que nunca se va a modificar, es decir, los correos que nos envíen siempre llegarán a la dirección de correo electrónico que aquí pongamos. Por eso hay que prestar mucha atención si algún día modificamos nuestra dirección de correo electrónico. De cambiarla, en este código también debe hacerse, porque, de lo contrario, cada vez que nos manden algún correo no lo recibiremos.*/
$asunto="Contacto de cliente";
echo "<br><br><br>";
echo "Compruebe si sus datos son correctos, de lo contrario pinche en <a href=http://localhost/form.htm>Volver</a>";
$texto="Nombre:"."\n".$nombre."<br>"."Apellidos:"."\n".$apellidos."<br>"."Dirección:"."\n".$direccion."<br>"."Localidad:"."\n".$localidad."<br>"."Provincia:"."\n".$provincia."<br>"."Teléfono:"."\n".$telefono."<br>"."Email:"."\n".$email."<br>"."Fecha:"."\n".$fecha."<br>"."Hora:"."\n".$hora;
/* Lo que hacemos con la variable $texto es unir dentro de ella todos los campos que recibimos del formulario para poder enviar con la función mail ( ) en una sola variable todo el contenido con los datos de contacto. */
echo "<br><br><br>";
echo $texto;
```

```
echo "<br><br>";
mail($destinatario,$asunto,$texto);
?>
```

En la figura 16.10 podemos ver el resultado en pantalla cuando el usuario ha enviado los datos. Como se puede observar, el usuario verá en pantalla todos sus datos y, si estos no son correctos, podrá volver de nuevo al formulario para corregirlos.

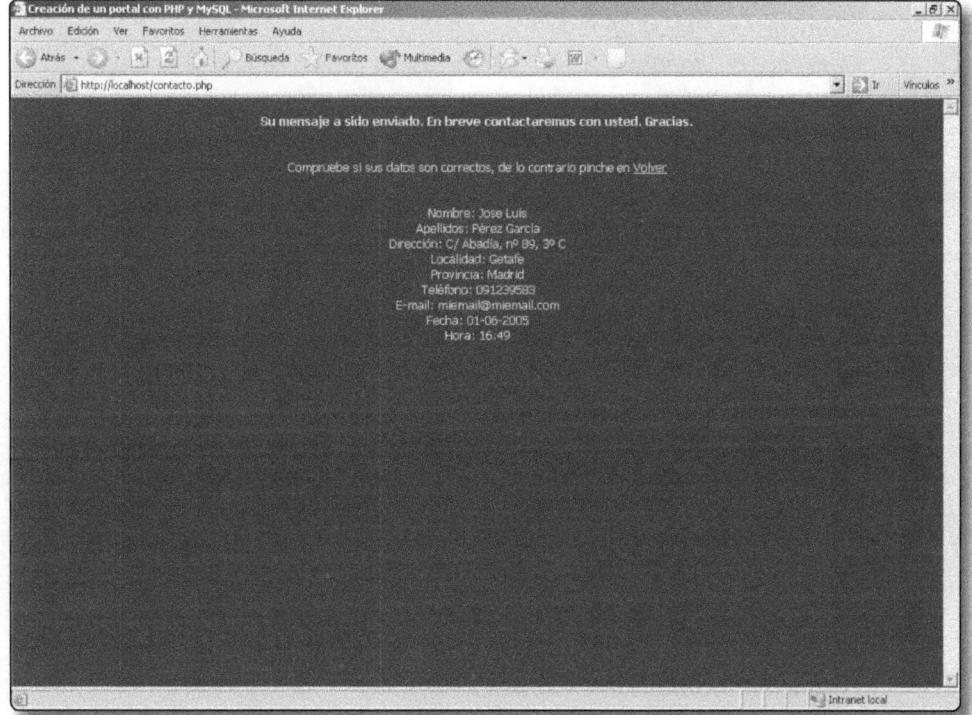

Figura 16.10

16.4 REGISTRO Y RECONOCIMIENTO DE USUARIOS

En este apartado vamos a desarrollar una zona de registro de usuarios y también una zona donde identificarse. Estas aplicaciones las utilizan muchos portales para captar usuarios y ofrecerles servicios exclusivos.

16.4.1 Ejemplo

Empezamos creando un pequeño formulario para que los usuarios se registren en nuestra web, al que llamaremos **registro.htm**, y cuyo código será:

```
<head>
<title>Creación de un portal con PHP y MySQL
</title>
</head>
<body bgcolor = "#303030">
<body text = "#E5E5E5">
<font face = "tahoma">
<font size = "2">
<body link = "#E5E5E5" vlink ="E0E0E0">
<p align = "center">
<strong>FORMULARIO DE REGISTRO DE USUARIOS</strong>
<br><br>
Inserte los datos que a continuación se solicitan y en breve nos pondremos en contacto con usted.
<form name="contacto" method="post" action="registro.php">
<p align = "left">
<strong>NOMBRE:</strong>
<br>
<input name="nombre" type="text" value="" size="50">
<br><br>
<strong>APELLIDOS:</strong>
<br>
<input name="apellidos" type="text" size="50">
<br><br>
<strong>NOMBRE DE USUARIO:</strong>
<br>
<input name="usuario" type="text" size="50">
<br><br>
<strong>CONTRASEÑA:</strong>
<br>
<input name="cont" type="password" size="50">
<br><br>
<strong>E-MAIL:</strong>
<br>
<input name="email" type="text" size="50">
<br>
<br>
```

<input type="submit" name="Submit" value="Enviar datos">
</p>
</form>

Y este será el aspecto que tendrá el formulario de registro.

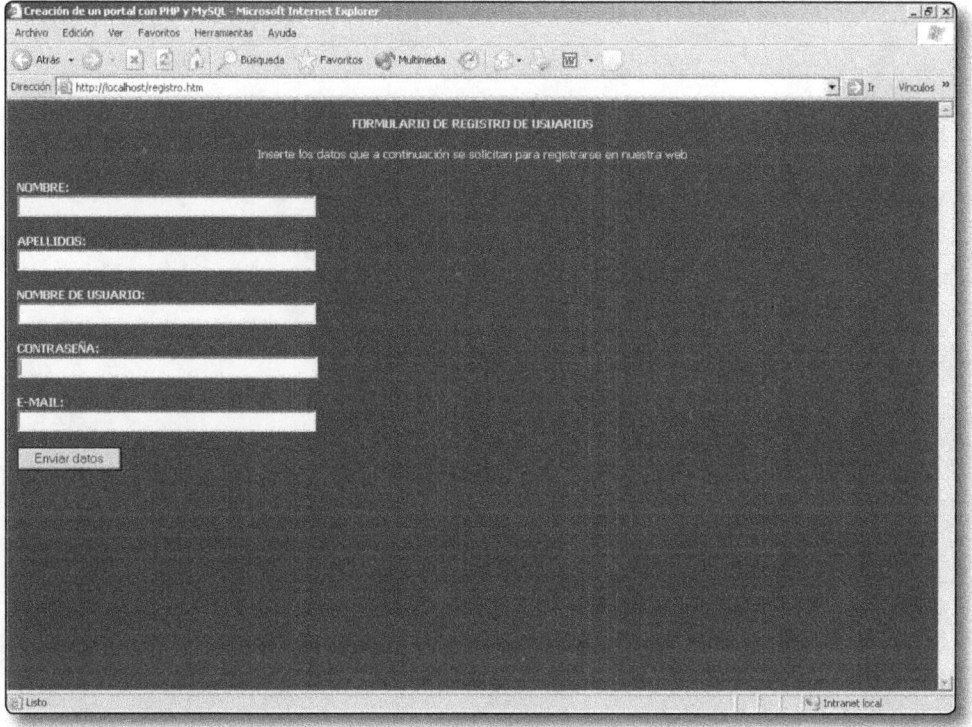

Figura 16.11

El siguiente paso para que el usuario quede registrado en nuestra web es crear una base de datos. En ella se almacenarán todos los datos del usuario para que acceda a la web con solo poner el nombre de usuario y la contraseña.

Creamos una base de datos que contenga una tabla con los campos **id**, **nombre, apellidos, usuario, contraseña** y **e-mail**. A esta base de datos la llamaremos **registrados**; dentro creamos la tabla **usuarios**. En la figura 16.12 podemos ver la base de datos que hemos creado.

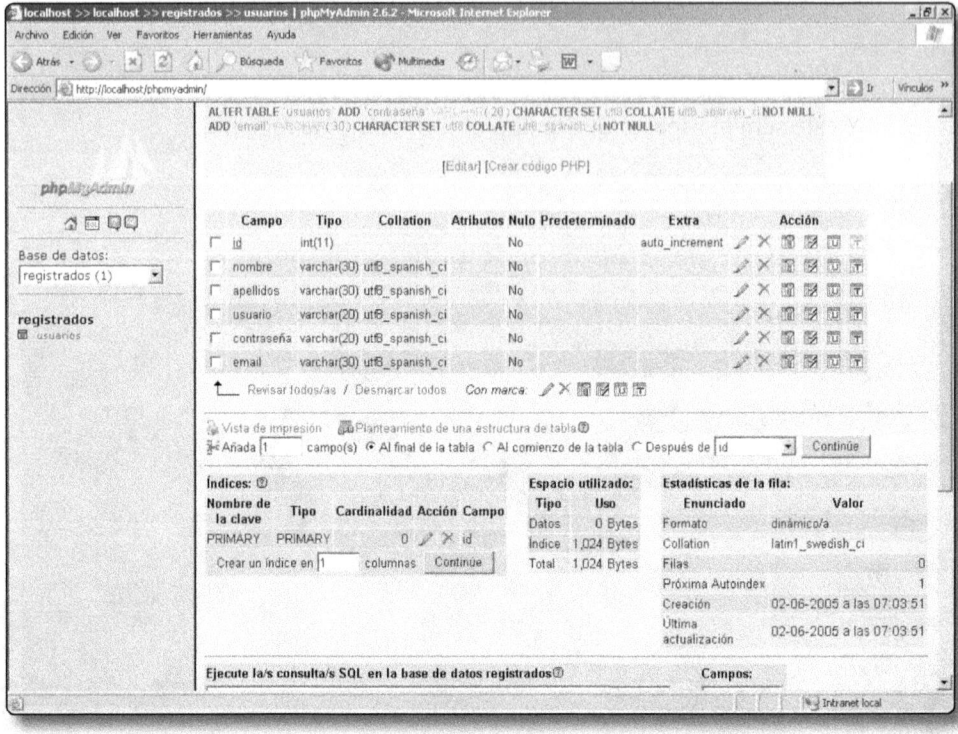

Figura 16.12

El siguiente paso es crear el fichero **registro.php**, que será el encargado de recibir los datos del formulario e insertarlos en la base de datos, para que el usuario quede registrado. A continuación se muestra el código del fichero **registro.php**:

<head>
<title>Creación de un portal con PHP y MySQL
</title>
</head>
<body bgcolor = "#303030">
<body text = "#E5E5E5">
<font face = "tahoma">
<font size = "2">
<body link = "#E5E5E5" vlink ="E0E0E0">
<p align = "center">
Su registro se ha completado con éxito
*
*
*
*
<?php
$host="127.0.0.1";

```
$user="user";    // Poner aquí nuestro nombre de usuario.
$password="pass";   // Poner aquí nuestra contraseña.
$db="registrados";
$enlace = mysql_connect($host,$user,$password);
mysql_select_db($db,$enlace);
$consulta = mysql_query("insert into usuarios (nombre,apellidos,usuari
o,contraseña,email) values ('$nombre', '$apellidos', '$usuario', '$cont',
'$email')",$enlace);
echo "<hr size = 10 color = ffffff width = 100% align = left>";
echo "<strong>Bienvenido a nuestra web $nombre</strong>";
?>
```

Por último, solo quedaría crear un fichero para que los usuarios que estén ya registrados puedan identificarse en la web; para ello necesitamos crear dos ficheros: el primero será un formulario con dos campos, uno para el nombre de usuario y otro para la contraseña; el segundo será un fichero que compruebe esos datos y nos indique si son correctos.

Vamos a ver el contenido del código del formulario, que llamaremos **formregistrados.htm**:

```
<head>
<title>
Creación de un portal con PHP y MySQL
</title>
</head>
<body bgcolor = "#303030">
<body text = "#E5E5E5">
<font face = "tahoma">
<font size = "2">
<body link = "#E5E5E5" vlink ="E0E0E0">
<p align = "center">
<strong>
IDENTIFICARSE
</strong>
<br>
<br>
<form name="contacto" method="post" action="identifica.php">
<p align = "left">
<strong>
NOMBRE DE USUARIO:
</strong>
<br>
<input name="usuario" type="text" size="50">
```

```
<br>
<br>
<strong>
CONTRASEÑA:
</strong>
<br>
<input name="cont" type="password" size="50">
<br>

<br>
<input type="submit" name="Submit" value="Enviar datos">
</p>
</form>
```

Con este código hemos creado un pequeño formulario para que los usuarios se identifiquen en nuestra web.

En la figura 16.13 podemos ver el formulario.

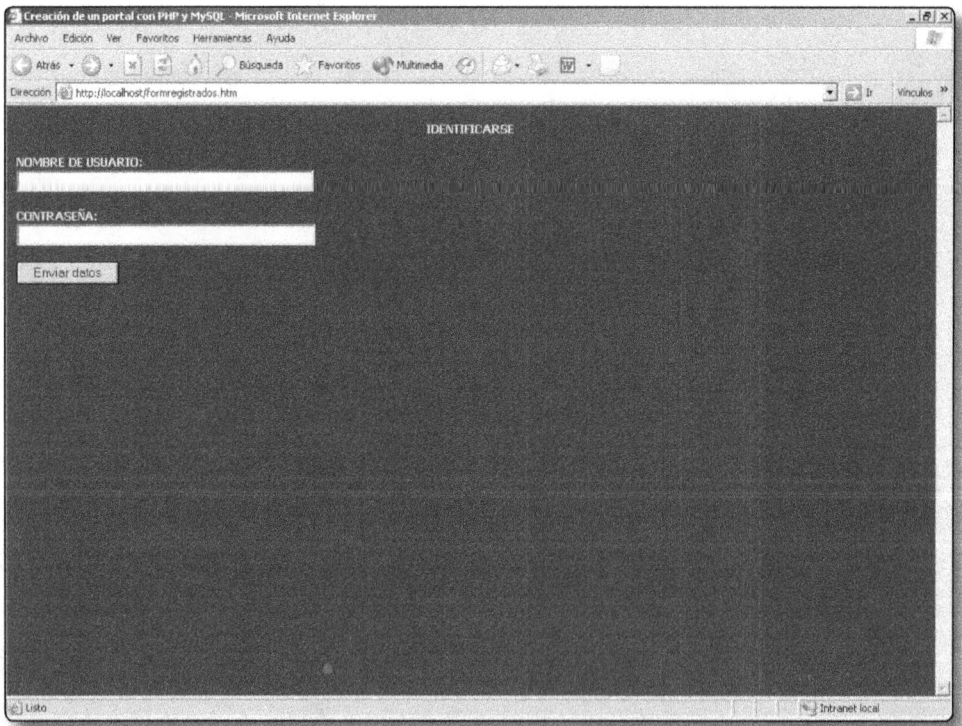

Figura 16.13

Capítulo 16. APLICACIONES MUY ÚTILES PARA NUESTRA WEB

El siguiente fichero que crearemos se llamará **identifica.php** y será el encargado de darnos respuesta cuando un usuario intente identificarse.

Este es el código del fichero **identifica.php**:

```
<head>
<title>Creación de un portal con PHP y MySQL
</title>
</head>
<body bgcolor = "#303030">
<body text = "#E5E5E5">
<font face = "tahoma">
<font size = "2">
<body link = "#E5E5E5" vlink ="E0E0E0">
<p align = "center">
<strong>RESPUESTA A SU IDENTIFICACIÓN</strong>
<br>
<br>
<?php
$host="127.0.0.1";
$user="user";   // Poner aquí nuestro nombre de usuario.
$password="pass";   // Poner aquí nuestra contraseña.
$db="registrados";
$enlace = mysql_connect($host,$user,$password);
mysql_select_db($db,$enlace);
$consulta = mysql_query("SELECT nombre FROM usuarios WHERE
usuario LIKE '$usuario' and contraseña LIKE '$cont'",$enlace);
$dato= mysql_fetch_array ($consulta);
$cambia= $dato["nombre"];
echo "<hr size = 10 color = ffffff width = 100% align = left>";
if ($dato =="") {
echo "Los datos no son correctos, <a href=formregistrados.php>Volver";
} else {
echo "<strong>Bienvenido a nuestra web $cambia</strong>";
}
?>
```

Como se puede ver en este código, cuando un usuario no está registrado o ha introducido mal su nombre de usuario o contraseña, aparecerá un mensaje que indica que es incorrecto y que vuelva atrás para intentarlo de nuevo; en cambio, si todo es correcto y ha introducido bien los datos, aparecerá en la pantalla un mensaje de bienvenida que mostrará su nombre.

En la figura 16.14 podemos ver el resultado de probar con un nombre de usuario y contraseña que previamente hemos registrado.

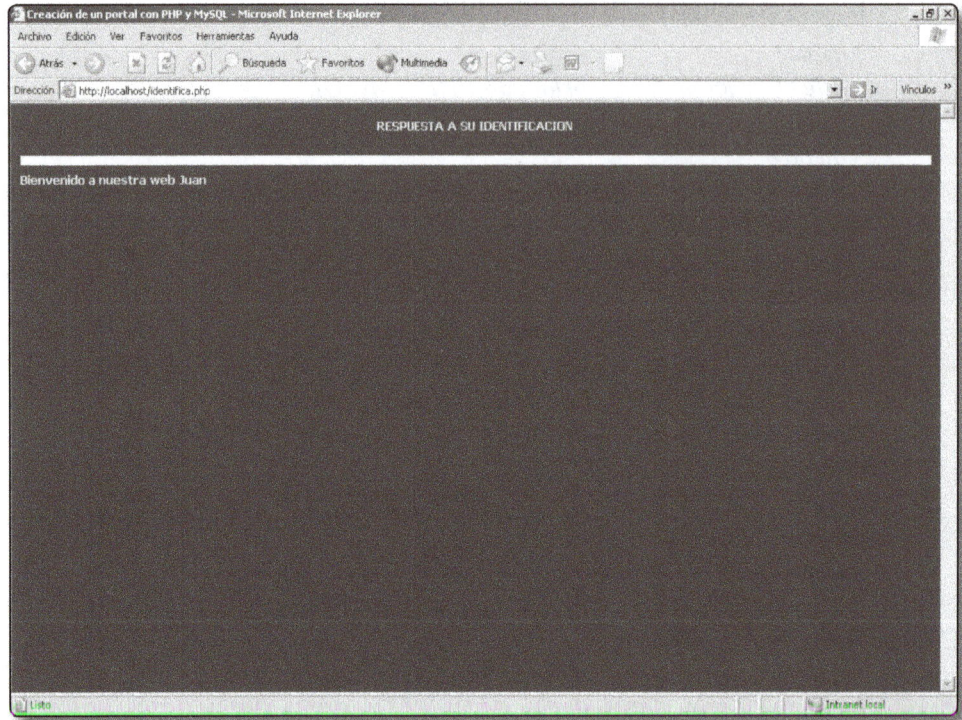

Figura 16.14

16.5 CODIFICAR CONTRASEÑAS CON MD5( )

A continuación vamos a conocer una nueva función de PHP. Se trata de la función *md5( )*; una función muy útil, ya que nos servirá para realizar un ejemplo como el del apartado anterior, pero con mayor seguridad, puesto que lo que hace la función *md5( )* es encriptar las contraseñas.

16.5.1 Ejemplo

Lo primero que haremos es crear el formulario de registro, que, como veremos a continuación, es exactamente igual que el anterior. Lo único que variamos es el nombre del fichero al que enviamos las variables con los datos del formulario. Al formulario de registro le llamamos **registro2.htm**.

```
<head>
<title>
Creación de un portal con PHP y MySQL
</title>
</head>
<body bgcolor = "#303030">
<body text = "#E5E5E5">
<font face = "tahoma">
<font size = "2">
<body link = "#E5E5E5" vlink ="E0E0E0">
<p align = "center">
<strong>
FORMULARIO DE REGISTRO DE USUARIOS
</strong>
<br>
<br>
Inserte los datos que a continuación se solicitan para registrarse en nuestra web.
<form name="contacto" method="post" action="registrocodificado.php">
<p align = "left">
<strong>
NOMBRE:
</strong>
<br>
<input name="nombre" type="text" value="" size="50">
<br><br>
<strong>
APELLIDOS:
</strong>
<br>
<input name="apellidos" type="text" size="50">
<br><br>
<strong>
NOMBRE DE USUARIO:
</strong>
<br>
<input name="usuario" type="text" size="50">
<br><br>
<strong>
CONTRASEÑA:
```

</strong>
*
*
<input name="cont" type="password" size="50">
*
*
*
*
<strong>
E-MAIL:
</strong>
*
*
<input name="email" type="text" size="50">
*
*
*
*
<input type="submit" name="Submit" value="Enviar datos">
</p>
</form>

El siguiente paso es, al igual que en el ejemplo del apartado anterior, crear la base de datos con su correspondiente tabla; pero vamos a trabajar con la misma base de datos, ya que, en este sentido, no será necesario realizar ningún cambio en la misma.

Como ya tenemos la base de datos, el siguiente paso será crear el fichero que recopila los datos del formulario de registro. Este fichero será **registrocodificado.php**.

<head>
<title>Creación de un portal con PHP y MySQL
</title>
</head>
<body bgcolor = "#303030">
<body text = "#E5E5E5">
<font face = "tahoma">
<font size = "2">
<body link = "#E5E5E5" vlink ="E0E0E0">
<p align = "center">
<strong>
SU REGISTRO SE HA COMPLETADO CON ÉXITO.
</strong>
*
*
*
*
<?php
$host="127.0.0.1";
$user="user";   // Poner aquí nuestro nombre de usuario.

```
$password="pass";   // Poner aquí nuestra contraseña.
$db="registrados";
$enlace = mysql_connect($host,$user,$password);
mysql_select_db($db,$enlace);
$cont2= md5 ($cont);
$consulta = mysql_query("insert into usuarios (nombre,apellidos,usuario
,contraseña,email) values ('$nombre', '$apellidos', '$usuario', '$cont2',
'$email')",$enlace);
echo "<hr size = 10 color = ffffff width = 100% align = left>";
echo "<strong>Bienvenido a nuestra web $nombre</strong>";
?>
```

Vemos que el código de este fichero cambia poco respecto del ejemplo anterior. Solo existe una variación en la línea *$cont2= md5($cont);* en la que, como se ve, lo que hacemos es codificar la contraseña con la función *md5( )* e insertarla en la base de datos. Es decir, cada vez que se registre un usuario en la web, tenga su contraseña el número de dígitos o letras que tenga, con la función *md5( )* vamos a registrar en nuestra base de datos una contraseña con 32 caracteres.

A continuación vamos a crear el código de la página para que los usuarios registrados se identifiquen.

Para diferenciar este fichero que creamos del anterior (**formregistrados.htm**) le hemos añadido un número al nombre, **formregistrados2.htm**. Entre ellos solo cambia el fichero al que son enviados los datos del formulario.

```
<head>
<title>
Creación de un portal con PHP y MySQL
</title>
</head>
<body bgcolor = "#303030">
<body text = "#E5E5E5">
<font face = "tahoma">
<font size = "2">
<body link = "#E5E5E5" vlink ="E0E0E0">
<p align = "center">
<strong>
IDENTIFICARSE
</strong>
<br>
<br>
<form name="contacto" method="post" action= "identificacodificado.
```

php">
<p align = "left">
**

NOMBRE DE USUARIO:
**
*
*
<input name="usuario" type="text" size="50">
*
*
*
*
**
CONTRASEÑA:
**
*
*
<input name="cont" type="password" size="50">
*
*
*
*
<input type="submit" name="Submit" value="Enviar datos">
</p>
</form>

A continuación creamos el fichero que procesa los datos del formulario para comprobar que son correctos e identificarlo. Este fichero es **identificacodificado.php**.

<head>
<title>
Creación de un portal con PHP y MySQL
</title>
</head>
<body bgcolor = "#303030">
<body text = "#E5E5E5">
<font face = "tahoma">
<font size = "2">
<body link = "#E5E5E5" vlink ="E0E0E0">
<p align = "center">
**
RESPUESTA A SU IDENTIFICACIÓN
**
*
*
*
*
<?php

```
$host="127.0.0.1";
$user="user";   // Poner aquí nuestro nombre de usuario.
$password="pass";   // Poner aquí nuestra contraseña.
$db="registrados";
$enlace = mysql_connect($host,$user,$password);
mysql_select_db($db,$enlace);
$cont2 = md5 ($cont);
$consulta = mysql_query("SELECT nombre FROM usuarios WHERE
usuario LIKE '$usuario' and contraseña LIKE '$cont2'",$enlace);
$dato= mysql_fetch_array ($consulta);
$cambia= $dato["nombre"];
echo "<hr size = 10 color = ffffff width = 100% align = left>";
if ($dato =="")
{
echo $dato;
echo "Los datos no son correctos, <a href=formregistrados2.
htm>Volver";
}
else
{
echo $dato;
echo "<strong>Bienvenido a nuestra web $cambia</strong>";
}
?>
```

16.6 INSERTAR, ACTUALIZAR, CONSULTAR Y BORRAR DATOS DE UNA TABLA

En el siguiente ejercicio que se nos plantea vamos a realizar las cuatro acciones más usuales con una base de datos. Estas acciones y sus correspondientes parámetros son los siguientes: INSERT para insertar datos en una tabla, SELECT para consultar datos, UPDATE para actualizar los registros y, por último, DELETE para borrar los datos de una tabla.

16.6.1 Ejemplo

En el ejemplo que vamos a mostrar en este apartado crearemos una base de datos con una tabla en la que incluiremos coches. Para ello, lo principal será crear la base de datos (**coches**) y su respectiva tabla (**ocasión**).

Esta tabla contendrá los campos **id, marca, modelo, combustible, color, fecha** y **precio**.

En la figura 16.15 podemos ver la imagen correspondiente a la base de datos que hemos creado para insertar vehículos.

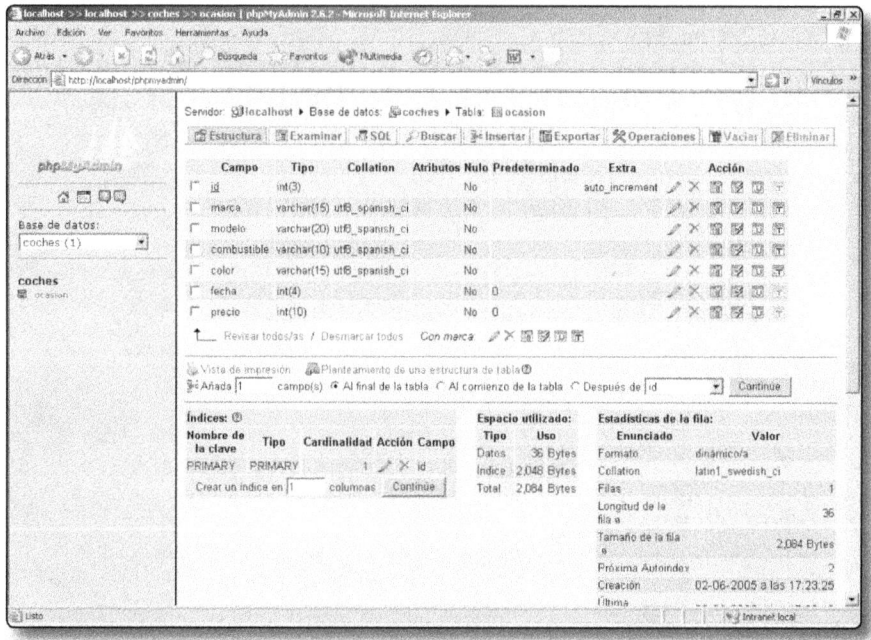

Figura 16.15

Vamos a crear el primer fichero. Será el encargado de insertar registros en nuestra base de datos. Para ello creamos un formulario que llamaremos **forminserta.htm**. Este es su código:

<head>
<title>Creación de un portal con PHP y MySQL</title>
</head>
<body bgcolor = "#303030">
<body text = "#E5E5E5">
<font face = "tahoma">
<font size = "2">
<body link = "#E5E5E5" vlink ="E0E0E0">
<p align = "center">
<form name="form" action= "insertacoches.php" method="post">
<strong>
<h2>

FORMULARIO PARA INSERTAR VEHÍCULOS EN LA BASE DE DATOS.
</h2>
</strong>
<hr size = "8" color = "ffffff" width = "100%" align = "left">
<h5>Seleccione la marca de su vehículo:
<select name="marca">
<option value="alfaromeo">Alfa Romeo </option>
<option value="audi">Audi </option>
<option value="bmw">BMW </option>
<option value="chrysler">Chrysler </option>
<option value="citroen">Citroen </option>
<option value="daewoo">Daewoo </option>
<option value="fiat">Fiat </option>
<option value="ford">Ford </option>
<option value="honda">Honda </option>
<option value="hyundai">Hyundai </option>
<option value="jeep">Jeep </option>
<option value="kia">Kia </option>
<option value="lancia">Lancia </option>
<option value="lexus">Lexus </option>
<option value="mazda">Mazda </option>
<option value="mercedes">Mercedes </option>
<option value="mitsubishi">Mitsubishi </option>
<option value="nissan">Nissan </option>
<option value="opel">Opel </option>
<option value="peugeot">Peugeot </option>
<option value="porsche">Porsche </option>
<option value="renault">Renault </option>
<option value="rover">Rover </option>
<option value="saab">Saab </option>
<option value="seat">Seat </option>
<option value="skoda">Skoda </option>
<option value="toyota">Toyota </option>
<option value="volkswagen">Volkswagen </option>
<option value="volvo">Volvo </option>
</select>
*
*
</h5>
<h5>
Indique el modelo:
<input name="modelo" type="text" size="45">
</h5>
<h5>

Indique el color:
<input name="color" type="text" size="48">
</h5>
<h5>
Combustible:
<input name="combustible" type="radio" value="diesel" checked>Diesel
<input name="combustible" type="radio" value="gasolina"> Gasolina
</h5>
<h5>
Año de matriculación:
<input name="fecha" type="text" size="10">
</h5>
<h5>
Precio:
<input type="text" name="precio" size="10">
</h5>
<h5>
<hr size = "4" color = "ffffff" width = "100%" align = "left">
<input name="Enviar" type="submit" value="Enviar">
</h5>
</form>

En la figura 16.16 podemos ver el formulario.

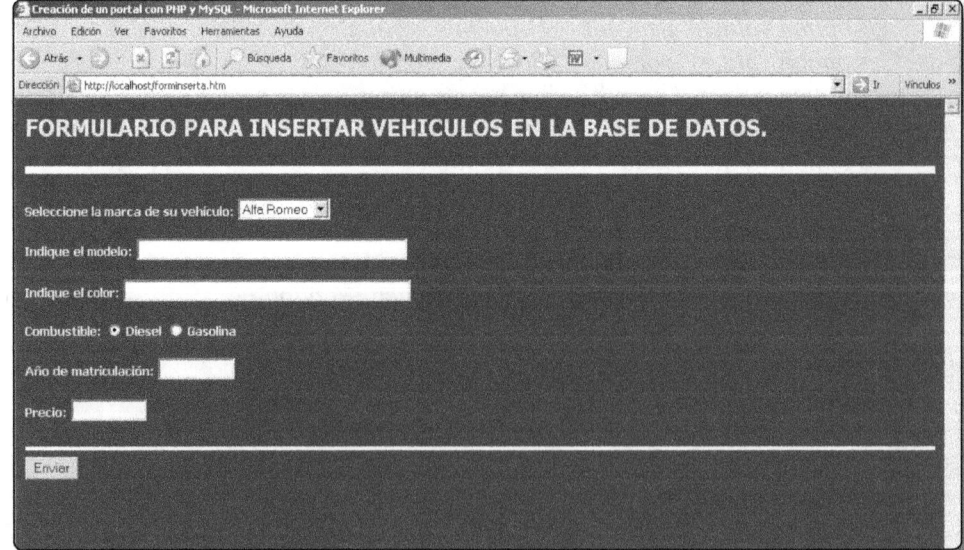

Figura 16.16

Lo siguiente es desarrollar el código que recopila los datos del formulario y los inserta en la base de datos. Para ello creamos a continuación el fichero **insertacoches.php**, que será el encargado de procesar estos datos. Este es su código:

```
<head>
<title>Creación de un portal con PHP y MySQL</title>
</head>
<body bgcolor = "#303030">
<body text = "#E5E5E5">
<font face = "tahoma">
<font size = "2">
<body link = "#E5E5E5" vlink ="E0E0E0">
<p align = "center">
<h2>DATOS DEL VEHÍCULO INSERTADOS
</h2>
<?php
$host="127.0.0.1";
$user="user";   // Poner aquí nuestro nombre de usuario.
$password="pass";   // Poner aquí nuestra contraseña.
$db="coches";
$enlace = mysql_connect($host,$user,$password);
mysql_select_db($db,$enlace);
$result = mysql_query("insert into ocasion (marca, modelo, combustible, color, fecha, precio) values ('$marca', '$modelo', '$combustible', '$color', '$fecha', '$precio')", $enlace);
echo "a insertado los siguientes datos:";
echo "<br><br>";
echo "Marca:$marca";
echo "<br>";
echo "Modelo:$modelo";
echo "<br>";
echo "Combustible:$combustible";
echo "<br>";
echo "Color:$color";
echo "<br>";
echo "Fecha:$fecha";
echo "<br>";
echo "Precio:$precio";
echo "<br><br>";
?>
<a href="http://localhost/forminserta.htm">Volver
```

En la figura 16.17 podemos ver el resultado que obtenemos cada vez que insertamos un vehículo en la base de datos.

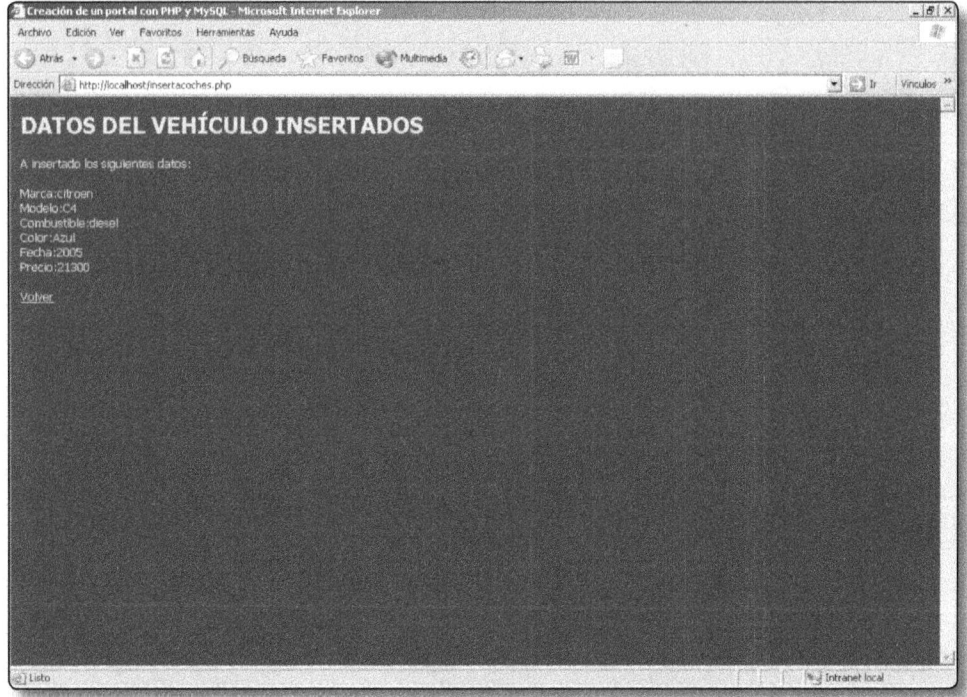

Figura 16.17

El siguiente paso es crear el fichero de consulta a la base de datos. Para ello necesitamos igualmente dos ficheros: uno de ellos será un formulario sobre el que realizamos la búsqueda y otro el que nos devuelve el resultado de la búsqueda.

A continuación se muestra el código del formulario de búsqueda.

\<head\>
\<title\>Creación de un portal con PHP y MySQL\</title\>
\</head\>
\<body bgcolor = "#303030"\>
\<body text = "#E5E5E5"\>
\<font face = "tahoma"\>
\<font size = "2"\>
\<body link = "#E5E5E5" vlink ="E0E0E0"\>
\<p align = "center"\>
\<form name="form" action= "buscacoches.php" method="post"\>

```
<strong>
<h2>
FORMULARIO PARA BÚSQUEDA DE VEHÍCULOS.
</h2>
</strong>
<hr size = "8" color = "ffffff" width = "100%" align = "left">
<h5>Seleccione la marca de su vehículo:
<select name="marca">
<option value="alfaromeo">Alfa Romeo </option>
<option value="audi">Audi </option>
<option value="bmw">BMW </option>
<option value="chrysler">Chrysler </option>
<option value="citroen">Citroen </option>
<option value="daewoo">Daewoo </option>
<option value="fiat">Fiat </option>
<option value="ford">Ford </option>
<option value="honda">Honda </option>
<option value="hyundai">Hyundai </option>
<option value="jeep">Jeep </option>
<option value="kia">Kia </option>
<option value="lancia">Lancia </option>
<option value="lexus">Lexus </option>
<option value="mazda">Mazda </option>
<option value="mercedes">Mercedes </option>
<option value="mitsubishi">Mitsubishi </option>
<option value="nissan">Nissan </option>
<option value="opel">Opel </option>
<option value="peugeot">Peugeot </option>
<option value="porsche">Porsche </option>
<option value="renault">Renault </option>
<option value="rover">Rover </option>
<option value="saab">Saab </option>
<option value="seat">Seat </option>
<option value="skoda">Skoda </option>
<option value="toyota">Toyota </option>
<option value="volkswagen">Volkswagen </option>
<option value="volvo">Volvo </option>
</select>
<br>
</h5><h5>
Indique el modelo:
```

```
<input name="modelo" type="text" size="45">
</h5>
<h5>
Año de matriculación:
<input name="fecha" type="text" size="10">
</h5>
<h5>
Precio:
<input type="text" name="precio" size="10">
</h5><h5>
<hr size = "4" color = "ffffff" width = "100%" align = "left">
<input name="Enviar" type="submit" value="Enviar">
</h5>
</form>
```

A continuación vamos a crear el código que procesa los datos del formulario de búsqueda. Al fichero le llamamos **buscacoches.php**.

En la figura 16.18 tenemos el formulario de búsqueda de vehículos, que, como podemos ver, solo utiliza cuatro campos de búsqueda: **marca**, **modelo**, **año de matriculación** y **precio**.

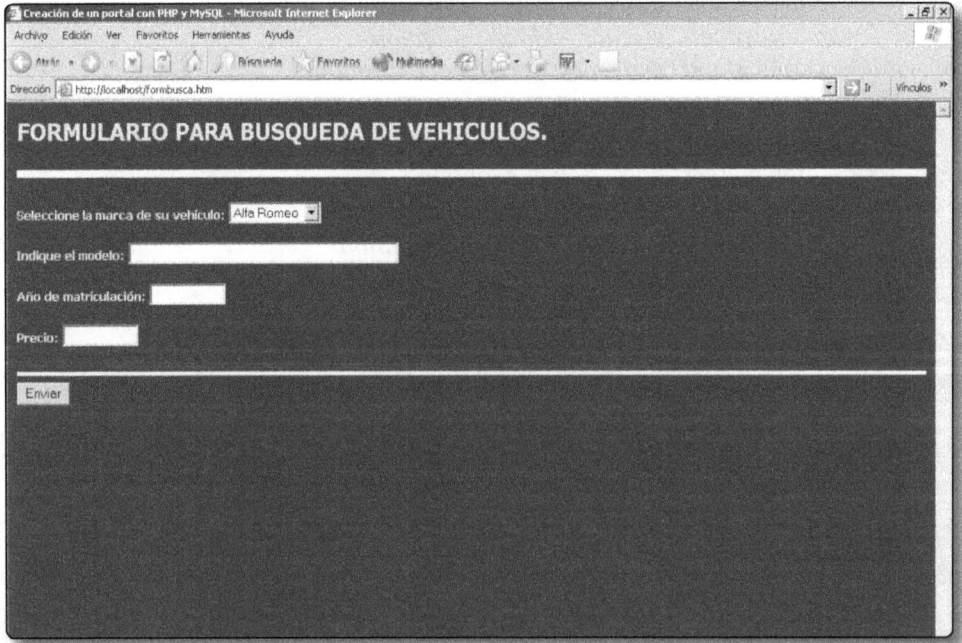

Figura 16.18

```
<head>
<title>
Creación de un portal con PHP y MySQL
</title>
</head>
<body bgcolor = "#303030">
<body text = "#E5E5E5">
<font face = "tahoma">
<font size = "2">
<body link = "#E5E5E5" vlink ="E0E0E0">
<p align = "center">
<h2>RESULTADO DE LA BUSQUEDA</h2>
<?php
$host="127.0.0.1";
$user="user";   // Poner aquí nuestro nombre de usuario.
$password="pass";   // Poner aquí nuestra contraseña.
$db="coches";
$enlace = mysql_connect($host,$user,$password);
mysql_select_db($db,$enlace);
$consulta = mysql_query("SELECT * FROM ocasion WHERE marca LIKE '$marca' or modelo LIKE '$modelo' or fecha LIKE '$fecha' or precio LIKE '$precio'",$enlace);
while($row = mysql_fetch_array($consulta))
{
$id= $row ["id"];
$marca= $row ["marca"];
$modelo= $row ["modelo"];
$fecha= $row ["fecha"];
echo("<table width='100%' border='0' cellspacing='0' cellpadding='0'>\n");
echo("<tr>\n");
echo("<td width='12%'><a href=modificarcoche.php?id=$id> Modificar</a></td>\n");
echo("<td width='12%'><a href=borrarcoche.php?id=$id> Borrar</a></td>\n");
echo("<td width='26%'>$marca</a></td>\n");
echo("<td width='26%'>$modelo</td>\n");
echo("<td width='24%'>$fecha</td>\n");
echo("</tr>\n");
echo("</table>\n");
echo "<hr size = 2 color = ffffff width = 100% align = left>"; }
?>
<a href="http://localhost/formbusca.htm">Volver
```

Como podemos observar en este código, para buscar hemos utilizado la instrucción OR en vez de AND. Esto hará que nos muestre una búsqueda de vehículos con todos los resultados que introduzcamos en el buscador. Es decir, si en el campo **marca** ponemos "Alfa Romeo" y en el campo **modelo** ponemos "León", nos dará todos los vehículos de la marca Alfa Romeo que encuentre igual que todos los modelos de León; si queremos que esto no sea así, debemos modificar la instrucción OR por AND. Quedará así:

$consulta = mysql_query("SELECT * FROM ocasion WHERE marca LIKE '$marca' and modelo LIKE '$modelo' and fecha LIKE '$fecha' and precio LIKE '$precio'",$enlace);

En la figura 16.19 podemos ver el resultado de buscar vehículos de la marca Alfa Romeo y del modelo León.

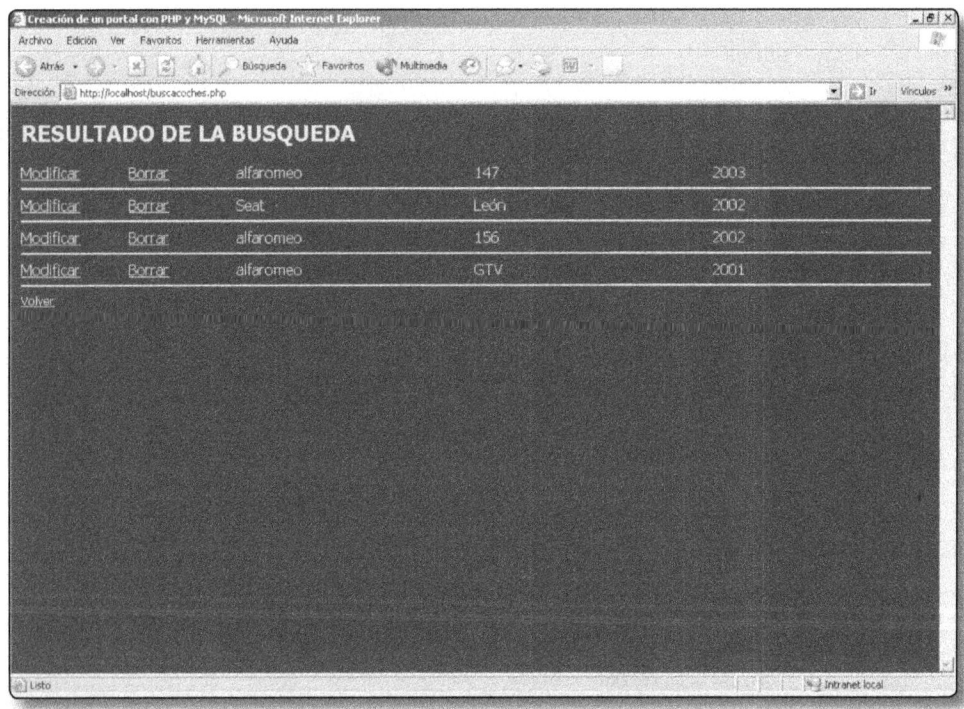

Figura 16.19

Junto a cada registro que aparece en la búsqueda nos encontramos dos opciones: **Modificar** y **Borrar**. Vamos a aprovecharlas para explicar cómo se modifican y borran registros.

Cuando pulsamos en **Modificar**, nos lleva a una página llamada **modificarcoche.php**, y, con el **id** que toma del registro correspondiente al que apunta, vamos a poder modificar el vehículo. Este es el código del fichero **modificarcoche.php**:

```
<head>
<title>
Creación de un portal con PHP y MySQL
</title>
</head>
<body bgcolor = "#303030">
<body text = "#E5E5E5">
<font face = "tahoma">
<font size = "2">
<body link = "#E5E5E5" vlink ="E0E0E0">
<p align = "center">
<form name="form" action= "modificarcoche2.php" method="post">
<strong>
<h2>
MODIFIQUE LOS DATOS DEL VEHÍCULO.
</h2>
</strong>
<hr size = "8" color = "ffffff" width = "100%" align = "left">
<h5>
Seleccione la marca de su vehículo:
<select name="marca">
<option value="alfaromeo">Alfa Romeo </option>
<option value="audi">Audi </option>
<option value="bmw">BMW </option>
<option value="chrysler">Chrysler </option>
<option value="citroen">Citroen </option>
<option value="daewoo">Daewoo </option>
<option value="fiat">Fiat </option>
<option value="ford">Ford </option>
<option value="honda">Honda </option>
<option value="hyundai">Hyundai </option>
<option value="jeep">Jeep </option>
<option value="kia">Kia </option>
<option value="lancia">Lancia </option>
<option value="lexus">Lexus </option>
<option value="mazda">Mazda </option>
<option value="mercedes">Mercedes </option>
```

```
<option value="mitsubishi">Mitsubishi </option>
<option value="nissan">Nissan </option>
<option value="opel">Opel </option>
<option value="peugeot">Peugeot </option>
<option value="porsche">Porsche </option>
<option value="renault">Renault </option>
<option value="rover">Rover </option>
<option value="saab">Saab </option>
<option value="seat">Seat </option>
<option value="skoda">Skoda </option>
<option value="toyota">Toyota </option>
<option value="volkswagen">Volkswagen </option>
<option value="volvo">Volvo </option>
</select>
<br>
</h5>
<h5>
```
Indique el modelo:
`<input name="modelo" type="text" size="45">`
`</h5>`
`<h5>`
Indique el color:
`<input name="color" type="text" size="48">`
`</h5>`
`<h5>`
Combustible:
`<input name="combustible" type="radio" value="diesel" checked>`
Diesel
`<input name="combustible" type="radio" value="gasolina">` Gasolina
`</h5>`
`<h5>`
Año de matriculación:
`<input name="fecha" type="text" size="10">`
`</h5>`
`<h5>`
Precio:
`<input type="text" name="precio" size="10">`
`</h5>`
`<h5>`
`<hr size = "4" color = "ffffff" width = "100%" align = "left">`
`<input type="hidden" name="id" value="<?php=$id?>">`

```
<input name="Enviar" type="submit" value="Enviar">
</h5>
</form>
```

Si nos fijamos en este fichero, podemos comprobar que es prácticamente igual que el de insertar coches. Solo cambian dos cosas: una de ellas es el fichero al que se envían los datos del formulario, que en este caso es **modificarcoche2.php**, y otra es que hemos introducido un campo oculto —el campo **id**— en el formulario para que nos lo envíe a la siguiente página, donde está almacenada la **id** del coche que queremos modificar.

A continuación creamos el fichero **modificarcoche2.php**. Este será su código:

```
<head>
<title>
Creación de un portal con PHP y MySQL
</title>
</head>
<body bgcolor = "#303030">
<body text = "#E5E5E5">
<font face = "tahoma">
<font size = "2">
<body link = "#E5E5E5" vlink ="E0E0E0">
<p align = "center">
<h2>
DATOS DEL VEHÍCULO MODIFICADOS
</h2>
<?php
$host="127.0.0.1";
$user="user";   // Poner aquí nuestro nombre de usuario.
$password="pass";   // Poner aquí nuestra contraseña.
$db="coches";
$enlace = mysql_connect($host,$user,$password);
mysql_select_db($db,$enlace);
$result = mysql_query("update ocasion set marca='$marca',
modelo='$modelo', combustible='$combustible', color='$color',
fecha='$fecha', precio='$precio' WHERE id='$id'", $enlace);
echo "A actualizado los siguientes datos:";
echo "<br><br>";
echo "Marca:$marca";
echo "<br>";
echo "Modelo:$modelo";
```

```
echo "<br>";
echo "Combustible:$combustible";
echo "<br>";
echo "Color:$color";
echo "<br>";
echo "Fecha:$fecha";
echo "<br>";
echo "Precio:$precio";
echo "<br><br>";
?>
<a href="http://localhost/formbusca.htm">
Volver
```

En la figura 16.20 se muestra el resultado de modificar un registro de la base de datos.

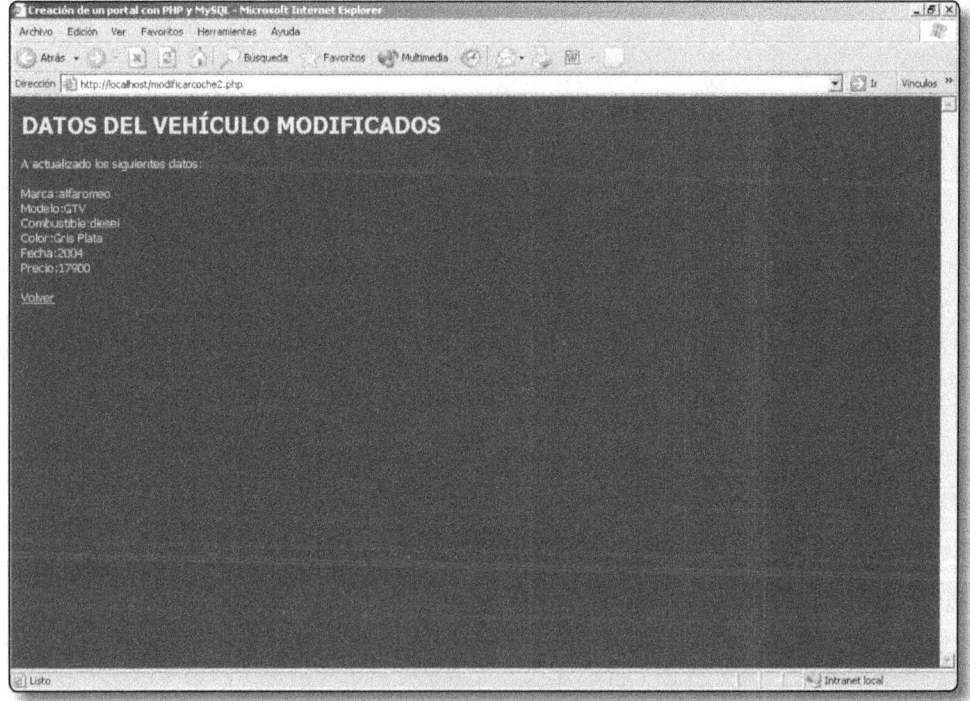

Figura 16.20

Por último, solo nos queda crear la página para borrar registros de la base de datos. Para ello debemos crear el código del fichero **borrarcoches.php**, que será el siguiente:

```
<head>
<title>
Creación de un portal con PHP y MySQL
</title>
</head>
<body bgcolor = "#303030">
<body text = "#E5E5E5">
<font face = "tahoma">
<font size = "2">
<body link = "#E5E5E5" vlink ="E0E0E0">
<p align = "center">
<h2>
BORRAR VEHÍCULOS
</h2>
<?php
$host="127.0.0.1";
$user="user";   // Poner aquí nuestro nombre de usuario.
$password="pass";   // Poner aquí nuestra contraseña.
$db="coches";
$enlace = mysql_connect($host,$user,$password);
mysql_select_db($db,$enlace);
$result = mysql_query("delete from ocasion where id='$id'", $enlace);
?>
<a href="http://localhost/formbusca.htm">
Volver
```

16.7 ENLACES A CADA RESULTADO DE UNA CONSULTA

A continuación, siguiendo con el caso del apartado anterior, vamos a desarrollar un ejemplo para ver cómo se puede enlazar cada resultado obtenido en una consulta con una página que nos mostrará el contenido del vehículo en cuestión.

16.7.1 Ejemplo

Lo primero que tenemos que hacer será modificar el fichero anterior: **buscacoches.php**. Tan solo cambiaremos una línea de su código, el cual quedará así:

```
<head>
<title>Creación de un portal con PHP y MySQL</title>
</head>
```

```
<body bgcolor = "#303030">
<body text = "#E5E5E5">
<font face = "tahoma">
<font size = "2">
<body link = "#E5E5E5" vlink ="E0E0E0">
<p align = "center">
<h2>
RESULTADO DE LA BÚSQUEDA
</h2>
<?php
$host="127.0.0.1";
$user="user";    // Poner aquí nuestro nombre de usuario.
$password="pass";   // Poner aquí nuestra contraseña.
$db="coches";
$enlace = mysql_connect($host,$user,$password);
mysql_select_db($db,$enlace);
$consulta = mysql_query("SELECT * FROM ocasion WHERE marca
LIKE '$marca' or modelo LIKE '$modelo' or fecha LIKE '$fecha' or pre-
cio LIKE '$precio'",$enlace);
while($row = mysql_fetch_array($consulta)) {
$id= $row ["id"];
$marca= $row ["marca"];

$modelo= $row ["modelo"];
$fecha= $row ["fecha"];
echo("<table width='100%' border='0' cellspacing='0' cellpadding=
'0'>\n");
echo("<tr>\n");
echo("<td width='12%'><a href=modificarcoche.php?id=$id> Modifi-
car</a></td>\n");
echo("<td width='12%'><a href=borrarcoche.php?id=$id> Borrar</
a></td>\n");
echo("<td width='26%'><a href=coches.php?id=$id>$marca </a></
td>\n");
/* Esta línea anterior es la única modificación que hemos hecho en todo
el código. Hemos incluido un enlace junto al modelo de vehículo que nos
lleva a otra página (coches.php) para mostrarnos los datos de ese vehícu-
lo. Otra opción sería poner también ese enlace en el modelo, pero eso será
a nuestro gusto, como mejor nos venga en cada caso.*/
echo("<td width='26%'>$modelo</td>\n");
echo("<td width='24%'>$fecha</td>\n");
```

```
echo("</tr>\n");
echo("</table>\n");
echo "<hr size = 2 color = ffffff width = 100% align = left>"; }
?>
<a href="http://localhost/formbusca.htm">Volver
```

Como se puede ver hasta aquí, apenas hemos modificado nada. Solo nos quedaría lo más importante: crear la página que llamaremos **coches.php**, en la que se mostrarán los datos del vehículo seleccionado.

A continuación reproducimos el código del fichero **coches.php**, que será el que nos muestre los datos del vehículo seleccionado.

```
<head>
<title>
Creación de un portal con PHP y MySQL
</title>
</head>
<body bgcolor = "#303030">
<body text = "#E5E5E5">
<font face = "tahoma">
<font size = "2">
<body link = "#E5E5E5" vlink ="E0E0E0">
<p align = "center">
<form name="form" action= "buscacoches.php" method="post">
<strong><h2>
DATOS DEL VEHÍCULO SELECCIONADO
</h2>
<?php
$host="127.0.0.1";
$user="user";   // Poner aquí nuestro nombre de usuario.
$password="pass";  // Poner aquí nuestra contraseña.
$db="coches";
$enlace = mysql_connect($host,$user,$password);
mysql_select_db($db,$enlace);

$consulta = mysql_query("SELECT * FROM ocasion WHERE id=$id",$enlace);
while($row = mysql_fetch_array($consulta)) {
$id= $row ["id"];
$marca= $row ["marca"];
$modelo= $row ["modelo"];
$fecha= $row ["fecha"];
```

```
$color= $row ["color"];
$combustible= $row ["combustible"];
$precio= $row ["precio"];
echo "Los datos del vehículo que ha solicitado son los siguientes:";
echo "<br>";
echo "Vehículo marca: $marca";
echo "<br>";
echo "Modelo: $modelo";
echo "<br>";
echo "El color es: $color";
echo "<br>";
echo "El combustible que utiliza es: $combustible";
echo "<br>";
echo "Es del año: $fecha";
echo "<br>";
echo "El precio de este coche es de: $precio €";
}
?>
```

En la figura 16.21 podemos ver el resultado del fichero **coches.php** cuando seleccionamos un vehículo de los resultados obtenidos en el buscador.

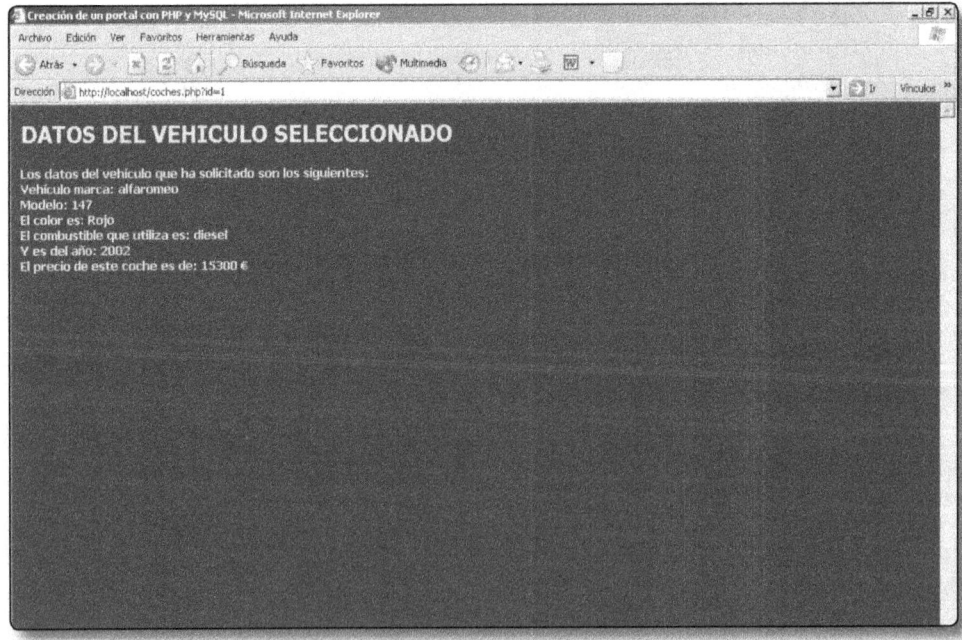

Figura 16.21

16.8 SISTEMA DE ENCUESTAS

Vamos a desarrollar ahora un sistema con el que intentaremos obtener información de nuestros visitantes. Se trata de un sistema de encuestas a través del cual los usuarios podrán votar.

El ejemplo que aquí se plantea está diseñado para conocer la opinión de los usuarios acerca de nuestra web. También se puede crear, semanal o mensualmente, otro tipo de encuesta diferente para recabar información acerca de nuestros usuarios y adaptar la web y sus servicios a la opinión que estos nos ofrecen.

Más adelante, en este ejemplo, veremos que tiene cierto parecido con el que ya realizamos anteriormente en el apartado 15.2. (desarrollo de un contador de visitas), en el que se mostraban los resultados de varias páginas.

16.8.1 Ejemplo

Para este ejemplo necesitaremos cinco archivos: uno de ellos será una imagen, la llamaremos **barra.jpg**, que nos muestre de forma gráfica el resultado de la encuesta; dos archivos de texto, que almacenarán el resultado de la encuesta (cada uno almacena un resultado); y una página para la votación y otra para visualizar el resultado.

Comencemos por la imagen **barra.jpg**. Será un sencillo gráfico, como el que se muestra en la figura 16.22, en el que podremos ver cómo se va implementando sucesivamente este gráfico para formar una barra.

Figura 16.22

A continuación crearemos dos archivos de texto, uno llamado **si.txt** y otro que llamaremos **no.txt**, cuyo contenido será exclusivamente 0 como valor inicial.

En la figura 16.23 aparece el formulario en el que los usuarios podrán votar en la encuesta que vamos a desarrollar. Como se puede observar, tiene solo dos posibles respuestas, pero se puede ampliar de un modo muy sencillo: bastará con poner tantos ficheros **.txt** como respuestas queramos que tenga nuestra encuesta y modificar el siguiente fichero que tenemos que crear.

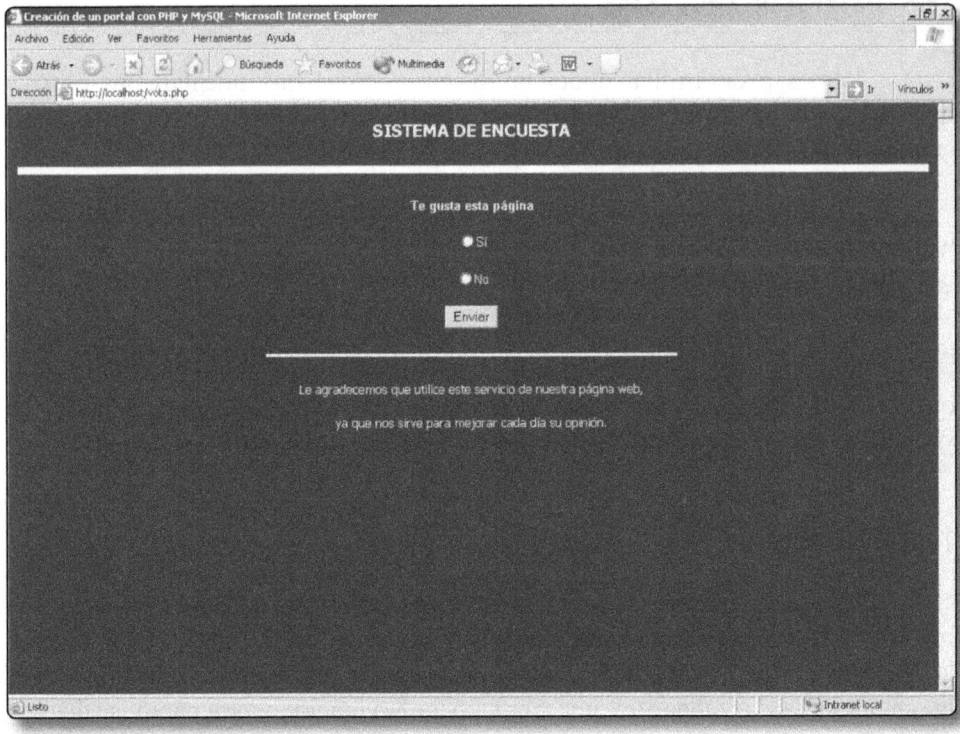

Figura 16.23

A continuación desarrollaremos la página que contendrá la pregunta de la encuesta y las dos posibles respuestas. Al fichero le llamaremos **vota.php**.

<head>
<title>
Creación de un portal con PHP y MySQL
</title>
</head>
<body bgcolor = "#303030">
<body text = "#E5E5E5">
<font face = "tahoma">
<font size = "2">
<body link = "#E5E5E5" vlink ="E0E0E0">
<h3>
<p align="center">
SISTEMA DE ENCUESTA
</h3>
</p>

```
<hr size="8" color="ffffff">
<p>
<font size="2" face="Arial, Helvetica, sans-serif">
<p align = "center">
<strong>
¿Te gusta esta página?
</strong>
</font>
</p>
<form name="form1" method="post" action="resultado.php">
<p>
<font size="2" face="Arial, Helvetica, sans-serif">
<p align = "center">
<input type="radio" name="op" value="a">
Sí
</font>
</p>
<p>
<font size="2" face="Arial, Helvetica, sans-serif">
<p align = "center">
<input type="radio" name="op" value="b">
No
</font>
</p>
<p align = "center">
<input type="submit" name="Submit" value="Enviar">
</p>
</form>
<hr size="3" color="ffffff" width = 45%>
<p align = "center">
Le agradecemos que utilice este servicio de nuestra página web, </p>
<p align = "center">
ya que nos sirve para mejorar cada día su opinión.
</p>
```

A continuación mostraremos el resultado que se obtiene al pulsar el botón **Enviar** con los resultados de las votaciones. A este fichero le llamaremos **resultado.php** y será el encargado de ir sumando los votos a un fichero o a otro, así como de mostrar los resultados parciales de la votación.

```
<head>
<title>
```

Creación de un portal con PHP y MySQL
</title>
</head>
<body bgcolor = "#303030">
<body text = "#E5E5E5">
<font face = "tahoma">
<font size = "2">
<body link = "#E5E5E5" vlink ="E0E0E0">
<h3>

RESULTADOS DE LA ENCUESTA
</h3>

<hr size="8" color="ffffff">
<?php
$archivo1 = "si.txt";
$archivo2 = "no.txt";
$abre1 = fopen($archivo1, "r");
$abre2 = fopen($archivo2, "r");
$total1 = fread($abre1, filesize($archivo1));
$total2 = fread($abre2, filesize($archivo2));
fclose($abre1);
fclose($abre2);
if($op=="a")
{
$abre1 = fopen($archivo1, "w");
$total1=$total1+1;
$grabar1 = fwrite($abre1, $total1);
fclose($abre1);
}
else if($op=="b")
{
$abre2 = fopen($archivo2, "w");
$total2=$total2+1;
$grabar2 = fwrite($abre2, $total2);
fclose($abre2);
}
$votos=$total1+$total2;
$por1=$total1*100/$votos;
$por1=intval ($por1 ,10);
$por2=$total2*100/$votos;

```
$por2=intval ( $por2 ,10);
echo "<br>";
echo "<br>";
echo "<p align=center>";
echo "<img height=15 width=$por1 SRC=figura14-2.jpg>";
echo "<br>";
echo "<br>";
echo "Sí: <b>$total1</b> votos - <b>$por1 %</b>";
echo "<br>";
echo "<br>";
echo "<p align=center>";
echo "<img height=15 width=$por2 SRC=figura14-2.jpg>";
echo "<br>";
echo "<p align=center>";
echo "No: <b>$total2</b> votos - <b>$por2 %</b>";

echo "<br>";
echo "<br>";
echo "<br>";
echo "<p align=center>";
echo "Total Votos: <b>$votos</b>";
echo "<br>";
echo "<br>";
echo "<p align=center>";
echo "<a href=vota.php>Volver</a>";
?>
```

Como hemos podido observar, solo se da la posibilidad de elegir entre dos opciones para la votación, pero se pueden poner muchas más. Siguiendo el código que se muestra, será muy sencillo para el lector modificarlo según sus necesidades e incluir tantas respuestas como considere necesarias.

Al analizar el código, podemos ver lo sencillo que es: a tantas opciones, tantos ficheros .txt para almacenar e ir sumando los votos. Y en cuanto al código del fichero **resultado.php**, tendremos que agregar repetidas líneas como las que ya tenemos, en las que incluiremos los ficheros .txt nuevos que necesitemos.

En la figura 16.24 podemos ver el resultado de la página de la encuesta. Aquí podemos observar más detenidamente el incremento del gráfico de la barra (imagen **barra.jpg**), en función del porcentaje de votos a favor o en contra de la página web, obteniendo una imagen real a partir del porcentaje de votos.

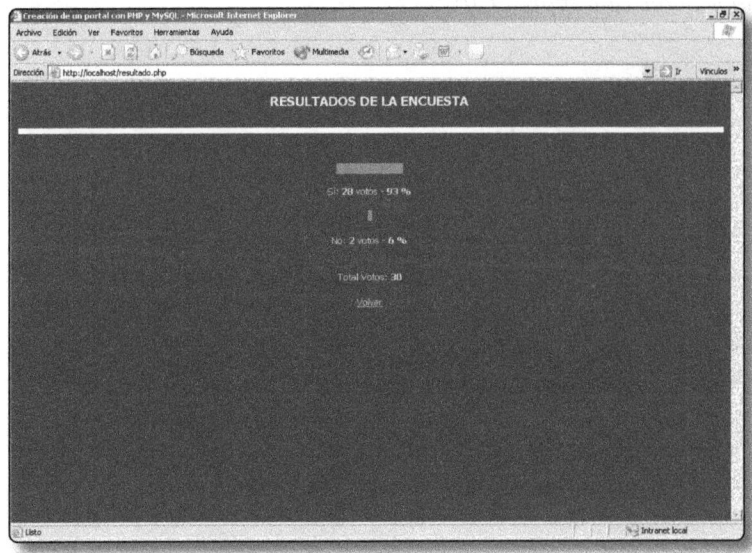

Figura 16.24

Como ya se dijo al principio de este ejemplo, si se observa detenidamente el código de sus ficheros, podemos ver que es muy similar al que realizamos cuando creamos el ejemplo del contador de visitas: los códigos son muy parecidos en cuanto a los ficheros que procesan los datos, pero las aplicaciones que hemos desarrollado son totalmente diferentes; además, en este caso, la diferencia es que para obtener los resultados hemos tenido que desarrollar un formulario para que nos dé el porcentaje de votos a favor o en contra y así modificar la página de datos.

16.9 POSTALES SIN BASE DE DATOS

A continuación vamos a desarrollar una sencilla aplicación que nos va a servir para que nuestros usuarios puedan enviar postales a sus amigos desde nuestra web.

El proceso que utilizaremos es el siguiente: diseñaremos una página con una serie de fotografías, en concreto, postales de coches (es la temática del portal que estamos creando) y, en la parte inferior de la página, tendremos un formulario mediante el cual podremos enviar una postal de las que anteriormente hemos visto seleccionando la fotografía de una lista desplegable. Además, el usuario podrá insertar un breve mensaje que también se enviará junto con la postal.

16.9.1 Ejemplo

Creamos primero la página en la que tendremos las fotos y más abajo el formulario para enviar la postal. Al fichero le llamaremos **postal.php**.

```
<head>
<title>
Creación de un portal con PHP y MySQL
</title>
</head>
<body bgcolor = "#303030">
<body text = "#E5E5E5">
<font face = "tahoma">
<font size = "2">
<body link = "#E5E5E5" vlink ="E0E0E0">
<h3>
<p align="center">
ENVÍO DE POSTALES
</h3>
</p>
<hr size="8" color="ffffff">
<table border="1" width="40%" align="center">
<tr>
<td width="10%">
<img src="coche1.jpg">
SMART
</td>
<td width="10%">
<img src="coche2.jpg">
BMW
</td>
<td width="10%">
<img src="coche3.jpg">
MERCEDES
</td>
<td width="10%">
<img src="coche4.jpg">
PORSCHE
</td>
</tr>
</table>
<form name="form" action= "enviapostal.php" method="post">
<p>
```

Enviar postal a:;
<input type="text" name="email" size="20">
</p>
<p>Título:

<input type="text" name="asunto" size="20">
</p>
<p>Quién la envía:
<input type="text" name="quien" size="20">
</p>
<p>
<select name="foto">
<option>
coche1.jpg
</option>
<option>
coche2.jpg
</option>
<option>
coche3.jpg
</option>
<option>
coche4.jpg
</option>
</select>
</p>
<p>
<input type="submit" value="Enviar" name="Enviar">
</p>
</form>

El funcionamiento del mismo es muy sencillo: introducimos el correo electrónico del destinatario de la postal, un título para la postal, ponemos el nombre de la persona que la envía y, por último, en el menú desplegable, podemos seleccionar de las imágenes de arriba la que deseamos enviar. Por último, pulsamos el botón **Enviar**.

Una vez que pulsemos en el botón **Enviar**, nos llevará al fichero **enviapostal. php**, que será el encargado de procesar los datos del formulario para hacer llegar la postal al remitente indicado.

Vamos a crear ahora el código del fichero **enviapostal.php**, que será un sencillo fichero de respuesta, en el que trabajaremos con la función *mail( )* para poder enviar la postal al usuario.

En la figura 16.25 vemos la imagen correspondiente al formulario que hemos diseñado para el envío de postales.

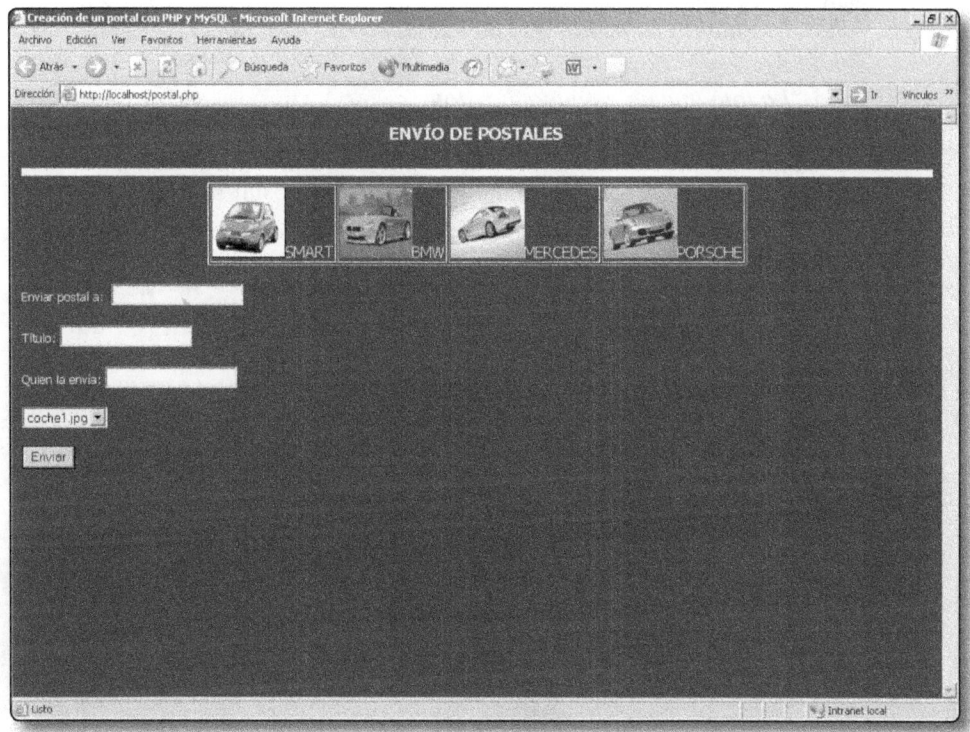

Figura 16.25

```
<head>
<title>Creación de un portal con PHP y MySQL
</title>
</head>
<body bgcolor = "#303030">
<body text = "#E5E5E5">
<font face = "tahoma">
<font size = "2">
<body link = "#E5E5E5" vlink ="E0E0E0">
<h3>
<p align="center">
```

ENVÍO DE POSTALES
</h3></p>
<hr size="8" color="ffffff">
<?php
mail ($email,$asunto,$foto, 'From:'.$quien);
echo "Su postal ha sido enviada con éxito a: $email";
*echo "

";*
echo "El título de la postal que ha mandado es: $asunto";
*echo "

";*
echo "La foto que ha enviado es: $foto";
?>

El resultado que se obtiene cuando enviamos la postal será el de la figura 16.26.

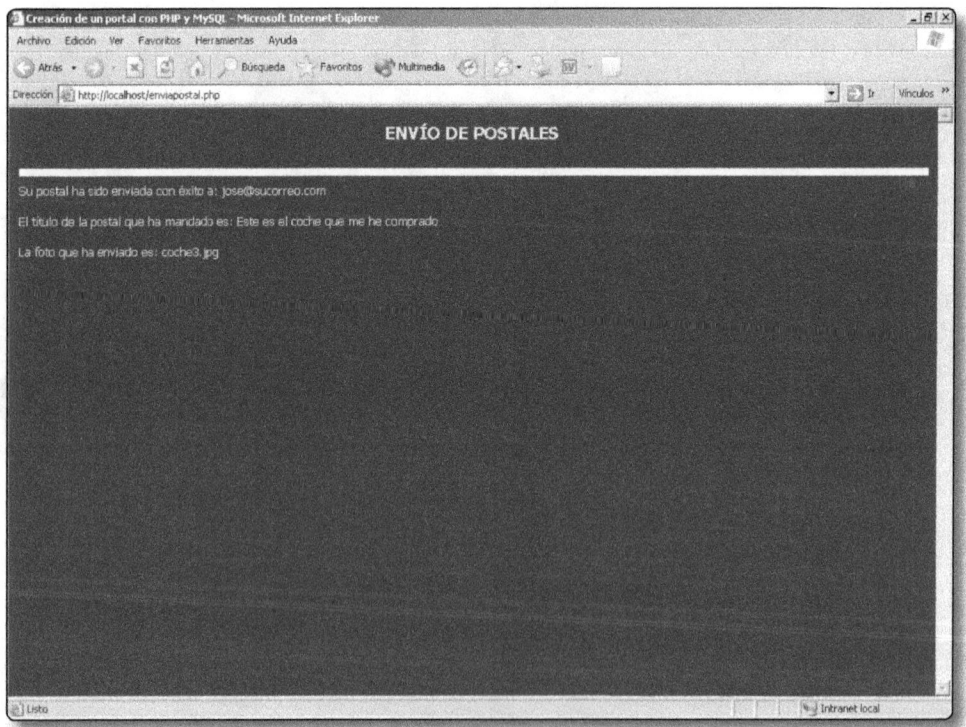

Figura 16.26

16.10 GENERAR NÚMEROS ALEATORIOS

PHP dispone de una función mediante la cual es posible obtener número aleatorios: la función *rand( )*.

Vamos a crear un ejemplo para que los usuarios se registren en la web, pero, en lugar de ser ellos los que tengan que introducir el nombre de usuario y la contraseña, solo van a introducir el nombre de usuario, ya que la contraseña se la vamos a proporcionar nosotros empleando la función *rand( )*.

16.10.1 Ejemplo

Este es el código del fichero del formulario de registro regusuarios.htm.

<head>
<title>
Creación de un portal con PHP y MySQL
</title>
</head>
<body bgcolor = "#303030">
<body text = "#E5E5E5">
<font face = "tahoma">
<font size = "2">
<body link = "#E5E5E5" vlink ="E0E0E0">
<p align = "center">
**
FORMULARIO DE REGISTRO DE USUARIOS
**
*

*
Inserte los datos que a continuación se solicitan:
<form name="contacto" method="post" action= "registrousuarios.php">
<p align = "left">
NOMBRE:
*
*
<input name="nombre" type="text" value="" size="50">
*

*
*APELLIDOS:
*
<input name="apellidos" type="text" size="50">
*
*
*
*
*NOMBRE DE USUARIO:
*

```
<input name="usuario" type="text" size="50">
<br>
<br>
<strong>E-MAIL:</strong>
<br>
<input name="email" type="text" size="50">
<br><br>
<input type="submit" name="Submit" value="Enviar datos">
</p>
</form>
```

La figura 16.27 muestra la imagen correspondiente al formulario de registro.

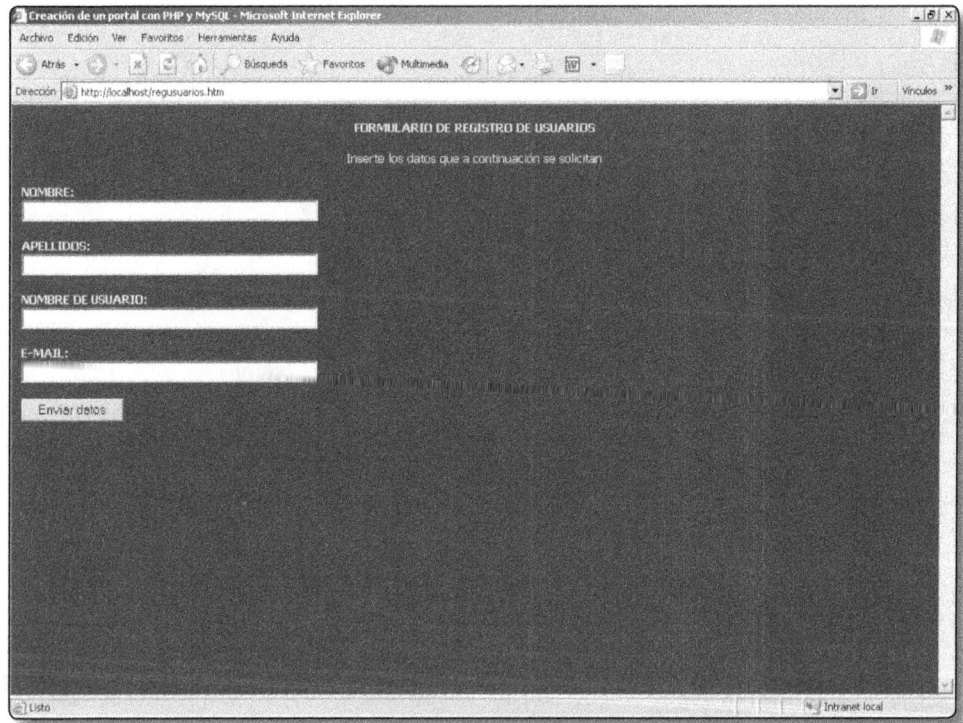

Figura 16.27

A continuación vamos a crear el fichero de respuesta al formulario que ya tenemos, en el que, además, se le indicará al usuario qué contraseña le ha sido asignada de forma aleatoria. Una vez más, al igual que hicimos en los apartados 16.4 y 16.5, vamos a utilizar la base de datos registrados, que ya habíamos creado anteriormente en el apartado 16.4.

El código del fichero que recibe los datos del formulario, **registrousuarios.php** será el siguiente:

```
<head>
<title>Creación de un portal con PHP y MySQL
</title>
</head>
<body bgcolor = "#303030">
<body text = "#E5E5E5">
<font face = "tahoma">
<font size = "2">
<body link = "#E5E5E5" vlink ="E0E0E0">
<p align = "center">
<strong>
SU REGISTRO SE HA COMPLETADO CON ÉXITO
</strong>
<br><br>
<?php
$host="127.0.0.1";
$user="user";   // Poner aquí nuestro nombre de usuario.
$password="pass";  // Poner aquí nuestra contraseña.
$db="registrados";
$enlace = mysql_connect($host,$user,$password);
mysql_select_db($db,$enlace);
$cont = rand (100000, 99999999);
$consulta = mysql_query("insert into usuarios (nombre,apellidos,usuario,contraseña,email) values ('$nombre', '$apellidos', '$usuario', '$cont', '$email')",$enlace);
echo "<hr size = 10 color = ffffff width = 100% align = left>";
echo "<strong>Bienvenido a nuestra web $nombre</strong>";
echo "<br>";
echo "La contraseña que le hemos asignado es: $cont";
?>
```

Como podemos observar, cuando el usuario pulsa en el formulario el botón **Enviar**, le llevará a esta página, en la que se generará aleatoriamente una clave, que será la que deberá emplear cuando quiera identificarse en la web. Para crear la clave, hemos indicado que nos genere un número entre 1.000.000 y 99.999.999.

En la figura 16.28 podemos ver el resultado de ejecutar este ejemplo.

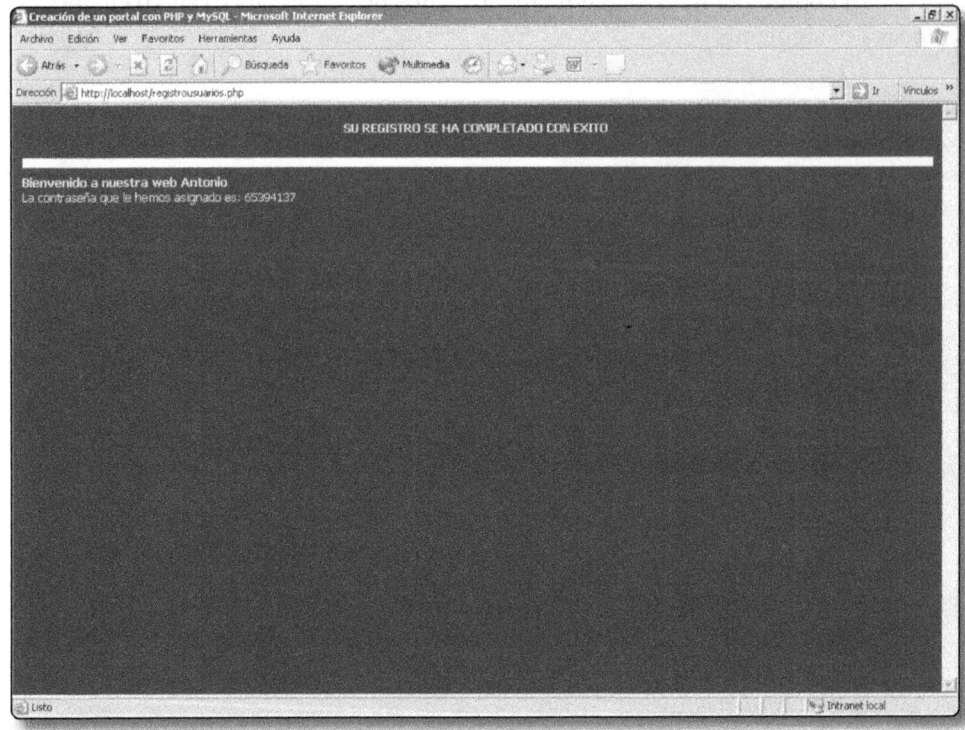

Figura 16.28

16.11 ROTADOR DE BANNER

La aplicación que vamos a desarrollar a continuación es, como su nombre bien indica, un rotador de *banner*. Esto puede sernos muy útil en nuestra web si utilizamos *banners* de varios patrocinadores, ya que con este ejemplo no siempre se mostrarán los mismos, sino que serán aleatorios.

16.11.1 Ejemplo

Este será el código del rotador de *banners* que podemos incluir en cualquiera de nuestras páginas web:

<head>
<title>Creación de un portal con PHP y MySQL
</title>
</head>

```
<body bgcolor = "#303030">
<body text = "#E5E5E5">
<font face = "tahoma">
<font size = "2">
<body link = "#E5E5E5" vlink ="E0E0E0">
<p align = "center">
<strong>ROTADOR DE BANNER</strong><br><br>
<?php
$banner = 4;
$aleatorio = rand (1,$banner);
$imagen = array ( );
$url = array ( );
$texto = array ( );
$imagen[1]="banner1.jpg";
$url[1]= "http://localhost/pagina1.php";
$texto[1]="Te recomendamos visitar este banner 1";
$imagen[2]="banner2.jpg";
$url[2]= "http://localhost/pagina2.php";
$texto[2]="Te recomendamos visitar este banner 2";
$imagen[3]="banner3.jpg";
$url[3]= "http://localhost/pagina3.php";
$texto[3]="Te recomendamos visitar este banner 3";
$imagen[4]="banner4.jpg";
$url[4]= "http://localhost/pagina4.php";
$texto[4]="Te recomendamos visitar este banner 4";
echo "<a href= '$url[$aleatorio]'><img src='$imagen[$aleatorio]' alt='$texto[$aleatorio]'></a>";
?>
```

Como se puede observar en este ejemplo, hemos creado el código suponiendo que tenemos cuatro *banners*, pero esto se puede modificar a tantos *banners* como queramos.

En la figura 16.29 podemos ver el ejemplo del rotador de *banners*.

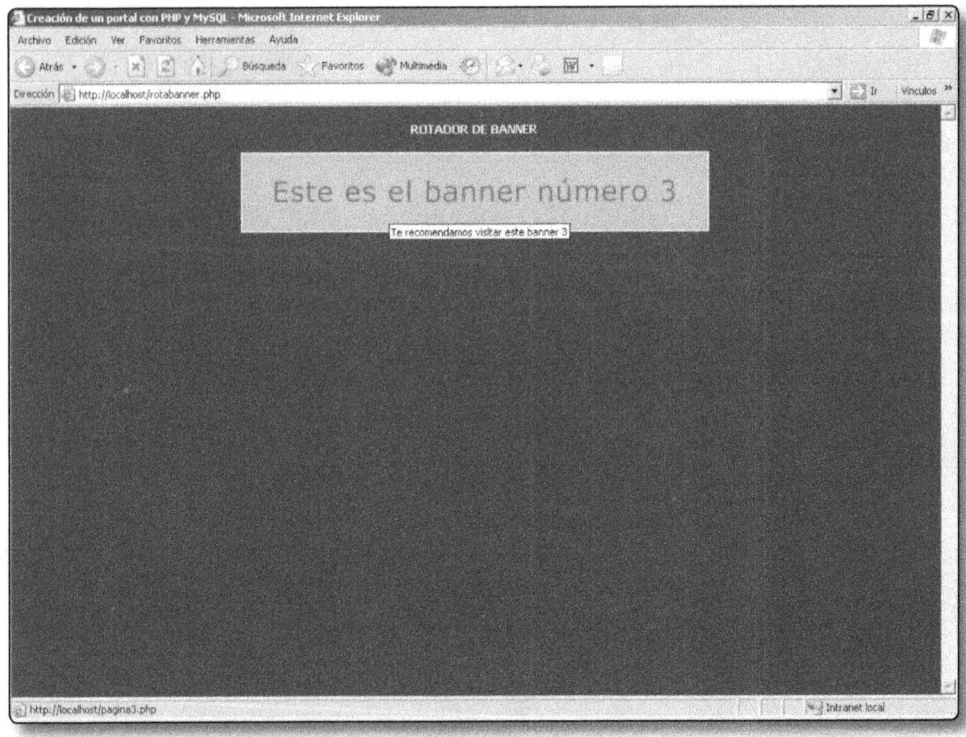

Figura 16.29

17

INTRODUCCIÓN A LA TECNOLOGÍA AJAX

Para complementar el desarrollo de portales web consideramos oportuno estudiar un elemento que conferirá a las páginas dinámicas creadas en este libro ciertas mejoras que mencionaremos a continuación.

17.1 ¿QUÉ ES AJAX?

Actualizar una página web implica volver a pedírsela al servidor web (*request*); con AJAX podremos hacerlo sin necesidad de formular dicha petición y sin la consiguiente recarga de toda la página. Solo se enviará el contenido que queremos que aparezca.

AJAX es el acrónimo de *Asynchronous JavaScript And XML*. No se trata de un nuevo lenguaje de programación sino de un conjunto de tecnologías (HTML, JavaScript, CSS, DHTML, PHP/ASP.NET/JSP, XML) que nos permiten crear páginas de Internet más dinámicas y rápidas en lo que se refiere al tiempo de acceso a los datos que queremos mostrar en ellas.

La ventaja fundamental de usar AJAX es que permitirá actualizar parte de una página con información que se encuentra en el servidor sin tener que recargar completamente la página. De igual forma podremos enviar información al servidor.

17.2 EL OBJETO XMLHTTPREQUEST

Para hacer posible todo lo anteriormente comentado se utiliza un elemento fundamental para la comunicación asincrónica con el servidor: **XMLHttpRequest**. Este objeto permite enviar y recibir información en formato XML y, en general, en cualquier formato.

Veamos ya un ejemplo básico y simplificado de una página que aplica la tecnología AJAX (*prueba_ajax.html*) para cambiar parte de su contenido. No se preocupe si no entiende algunas líneas del código, más adelante lo explicaremos. Se han resaltado en negrita los elementos clave que componen la tecnología AJAX.

Fichero prueba_ajax.html:

```
<!DOCTYPE html>
<html>
<head><title>Prueba de AJAX</title></head>
<body>
<div id="texto">
<h2>Texto que va a ser modificado con AJAX.</h2>
<h3>pulse el botón para cambiarlo...</h3>
</div>
<button type="button" onclick="cambiarTexto()">cambiar contenido
</button>
<script>
function cambiarTexto() {
  var xhttp = new XMLHttpRequest();
  xhttp.onreadystatechange = function() {
    if (xhttp.readyState == 4 && xhttp.status == 200) {
      document.getElementById("texto").innerHTML = xhttp.responseText;
    }
  }
  xhttp.open("GET", "nuevo_texto.php", true);
  xhttp.send();
}
</script>
</body>
</html>
```

El código HTML anterior mostrará un texto y debajo un botón. Al pulsarlo, se llamará a la función *cambiarTexto()* (véase la figura 17.1).

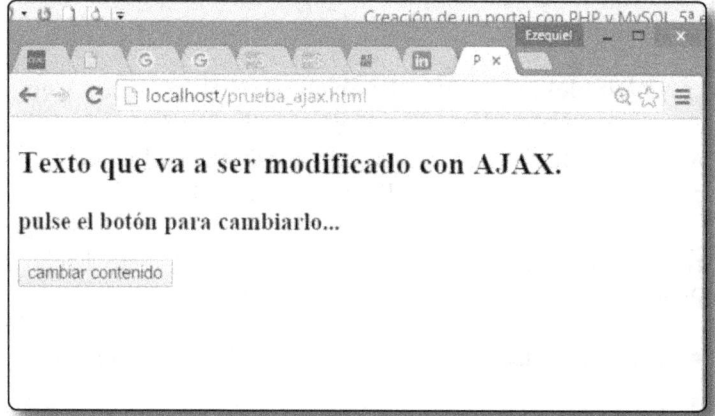

Figura 17.1

La función *cambiarTexto()* del *script* hará una petición al servidor creando un objeto XMLHttpRequest. El servidor procesa la petición y enviará el contenido que se quiere cambiar en la página sin refrescarla (*nuevo_texto.php*) (véase la figura 17.2).

Fichero nuevo_texto.php:

```
<?php
echo "<h3>Este es el contenido enviado por el servidor.</h3>";
echo "<h2>No fue necesario recargar la página !!</h2>";
?>
```

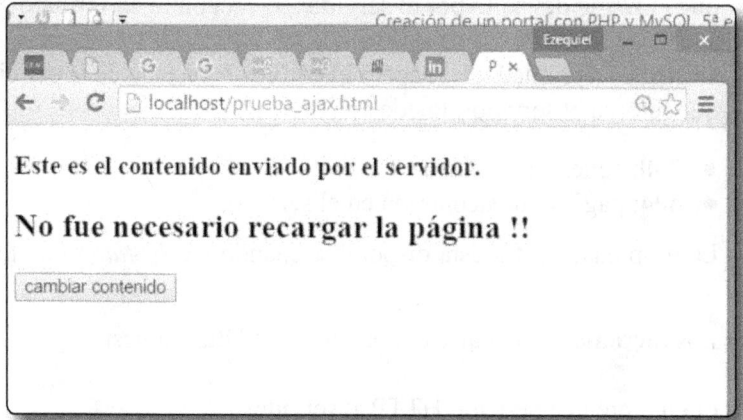

Figura 17.2

En resumen, la función *cambiarTexto()* se encargará de retornarnos un objeto de la clase XMLHttpRequest.

Las **propiedades** principales del objeto XMLHttpRequest son:

- ▼ **onreadystatechange**: almacena el nombre de la función que se ejecutará cuando el objeto XMLHttpRequest cambie de estado.

- ▼ **readyState**: almacena el estado del requerimiento hecho al servidor. Puede ser:

  - **0**: no inicializado (el método *open* no ha sido llamado).
  - **1**: cargando (se llamó al método *open*).
  - **2**: cargado (se llamó al método *send* y ya tenemos la cabecera de la petición HTTP y el *status*).
  - **3**: interactivo (la propiedad *responseText* tiene datos parciales).
  - **4**: completado (la propiedad *responseText* tiene todos los datos pedidos al servidor).

- ▼ **responseText**: almacena el *string* devuelto por el servidor, después de haber hecho una petición.

- ▼ **responseXML**: similar a la anterior (*responseText*) con la diferencia de que el *string* devuelto por el servidor se encuentra en formato XML.

- ▼ **status**: esta propiedad almacena el código del estado de la petición HTTP que retorna el servidor. Puede ser:

  - **200**: conexión realizada con éxito.
  - **404**: página no encontrada en el servidor.

  La propiedad *status* está disponible cuando *readyState* toma los valores 3 o 4.

Los **métodos** principales del objeto XMLHttpRequest son:

- ▼ **open**: abre una petición HTTP al servidor.

- ▼ **send**: envía la petición al servidor.

Como vemos, AJAX reduce la cantidad de información que pedimos al servidor, también evitamos la recarga completa de la página. La forma tradicional de enviar datos al servidor web, y la de recibirlos, es la que habíamos estudiado en capítulos anteriores: mediante formularios con el método GET o POST.

Recomendamos al lector que pruebe el ejemplo anterior en su navegador y compruebe por sí mismo la diferencia entre usar AJAX y hacer lo mismo a través de un formulario HTML.

No olvide ubicar los ficheros *prueba_ajax.html* y *nuevo_texto.php* en la carpeta raíz de inicio de Apache; si no la hemos cambiado será *C:/xampp/htdocs*. Después debemos ejecutar XAMPP e iniciar el servidor Apache.

Y por último, escribir en el navegador "http://localhost/prueba_ajax.htm" (véase la figura 17.1).

17.3 COMBINAR AJAX Y JQUERY

jQuery es uno de los complementos más esenciales para el desarrollo web. Se usa en muchísimos sitios en Internet, ya que facilita en gran medida el desarrollo de aplicaciones enriquecidas del lado del cliente, en Javascript, compatibles con todos los navegadores.

jQuery permite simplificar la manera de interactuar con los documentos HTML, manipular el árbol DOM, manejar eventos, desarrollar animaciones y agregar interacción con la técnica AJAX a páginas web.

Para los que se inician, conviene aclarar que jQuery no es un lenguaje, sino una serie de funciones y métodos de Javascript. Por tanto, Javascript es el lenguaje y jQuery es una **librería** que podemos usar opcionalmente si queremos facilitar nuestra vida cuando programamos en Javascript.

jQuery está considerado como uno de los **frameworks de Javascript** más importantes, ya que permite escribir menos código y obtener mayor rendimiento.

17.4 ENVIAR FORMULARIO CON AJAX Y JQUERY

En el siguiente ejemplo mostraremos cómo enviar un formulario mediante AJAX. Este proceso facilitará las consultas necesarias a PHP, todo ello sin tener que refrescar la página cada vez que hay que hacer una consulta, por ejemplo, a una base de datos.

Para el ejemplo vamos a usar dos archivos: *index.php*, que será la página principal y el que albergará el *form* para realizar las consultas; y *procesar_datos.php*, este archivo recibirá los campos del formulario, los analizará y devolverá un resultado u otro según su valor. Todo ello sin necesidad de refrescar la página, es la gran ventaja de AJAX.

El archivo *index.php* contiene un formulario con un campo de texto (Figura 17.3) en el cual le solicita que escriba un nombre, y un botón para enviar el formulario a través del método POST, además de un *div* de HTML donde se mostrará el resultado de la consulta AJAX.

El archivo *procesar_datos.php* recibe el valor del campo nombre y posteriormente analizará si el nombre se encuentra dentro de un *array* con cuatro nombres; si se encuentra, responderá afirmativamente mediante un mensaje en el *div* "respuesta".

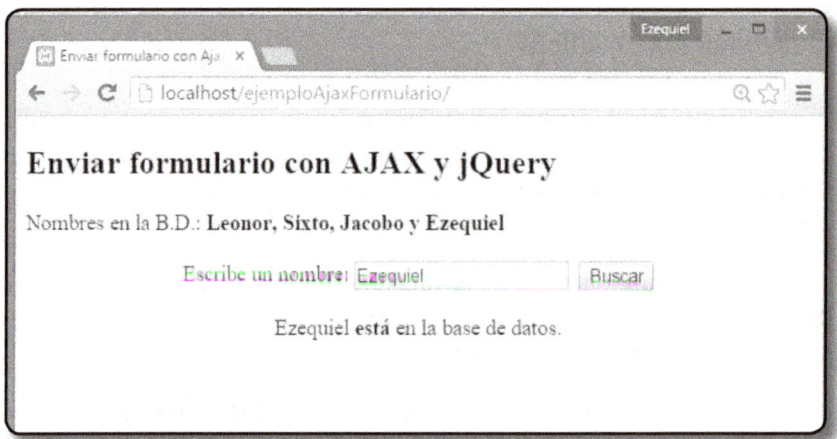

Figura 17.3

En nuestro fichero *index.php* debemos importar la librería jQuery desde la página oficial, nuestro *script* y crear la estructura del formulario. Para ello escribiremos el siguiente código:

Fichero index.php:

<!DOCTYPE HTML>
<html>
<head>
<title>Enviar formulario con AJAX y jQuery</title>
<script type="text/javascript" src="http://code.jquery.com/jquery-

1.11.3.min.js"></script>

```
<script>
$(function(){
 $("#enviar").click(function(){
 var url = "procesar_datos.php";
   $.ajax({
       type: "POST",
       url: url,
       data: $("#formulario").serialize(),      success: function(data)
       {
           $("#respuesta").html(data);         }
     });

   return false; });
});
</script>
</head>

<body>
<h2>Enviar formulario con AJAX y jQuery</h2>
<p>Nombres en la B.D.: <b>Leonor, Sixto, Jacobo y Ezequiel</b></p>
<center>
<form method="post" id="formulario">
<table>
<tr>
<td>Escribe un nombre:</td><td><input type="text" name="nombre"></td>
<td></td><td><input type="button" id="enviar" value="Buscar"></td>
</tr>
</table>
</form>
<div id="respuesta">
</div>
</center>
</body>
</html>
```

Por último, el *script* de servidor *procesar_datos.php* contendrá las líneas de código que se muestran a continuación. Una vez que se envían los datos se mostrará el mensaje de confirmación gracias al uso de Ajax.

Fichero procesar_datos.php:

```php
<?php

$resultado = "";

$nombre = $_POST["nombre"];

$array = array("Leonor", "Sixto", "Ezequiel", "Jacobo");

for ($x=0; $x < count($array); $x++){
if ($nombre == $array[$x]){
$resultado = "<p>".$array[$x]." <b>está</b> en la base de datos.</p>";
}
}
if($resultado == ""){
echo "<p>".$nombre." <b>no</b> está en la base de datos.</p>";
} else {
echo $resultado;
}

?>
```

GLOSARIO

CHDIR

Mediante esta instrucción determinaremos, a la hora de trabajar con ficheros, el directorio que vamos a utilizar.

Sintaxis:
CHDIR ([nombre_del_directorio]);

DATE

Date es la función utilizada para manejar tanto la fecha como la hora. Solo tenemos que hacer una llamada a esta instrucción indicando el formato que deseamos y nos mostrará o almacenará la fecha y/u hora, con el formato que queramos que aparezca. Es decir, solo día y mes, o día y hora, con las combinaciones que elijamos.

Sintaxis:
DATE ("[formato]");

DEFINE

Mediante esta instrucción definimos constantes. Una constante no puede variar nunca su valor una vez que la hayamos definido para utilizarla en una página web. Para definir la constante debemos primero asignarle un nombre y un valor.

Sintaxis:
DEFINE ([variable],[valor]);

DELETE

Esta instrucción la utilizaremos para borrar datos (registros) de una tabla. Para ello solo hemos de hacer una llamada a esta instrucción e indicarle qué es lo que queremos borrar.

Sintaxis:
DELETE [lo_que_desees_borrar] FROM [nombre_tabla];

ECHO

La instrucción ECHO posiblemente sea una de las más empleadas a la hora de programar en PHP, ya que se empleará casi siempre para mostrar cualquier resultado que deseemos en pantalla.

Sintaxis:
ECHO "[parte_a_mostrar]";

ELSE

La instrucción ELSE forma parte de las instrucciones condicionales y siempre irá precedida de una instrucción IF. Otorga otra serie de condiciones a una condición.

Sintaxis:
} ELSE ([condición] {;

EREG

EREG es una instrucción empleada para reconocer cadenas de texto, es decir, la usaremos cuando necesitemos verificar que existe una determinada cadena en una variable.

Sintaxis:
EREG ("[cadena]", [variable]);

EREGI

La instrucción EREGI hace exactamente la misma función que la anterior instrucción EREG. La única diferencia es que distingue entre mayúsculas y minúsculas, mientras que EREG no lo hace.

Sintaxis:
EREGI ("[cadena]", [variable]);

FCLOSE

La instrucción FCLOSE se emplea cuando se ha terminado de escribir un fichero.

Sintaxis:
FCLOSE ([nombre_fichero]);

FOPEN

Utilizaremos esta instrucción cuando necesitemos trabajar con un fichero en concreto, ya sea para escribir contenido en él o simplemente para leerlo.

Sintaxis:
FOPEN ([nombre_fichero]);

FOR

FOR es una de las instrucciones de bucle. La emplearemos para ejecutar un determinado número de veces un bucle, hasta que se haya cumplido la condición que le indiquemos. Esta instrucción se compone de tres partes: en la primera definimos inicialmente la variable a emplear, en la segunda le indicamos qué valor debe tener la variable para salir del bucle, y en la última le indicaremos qué variaciones debe cumplir la variable para alcanzar el valor hasta salir del bucle.

Sintaxis:
FOR([variable_y_valor_inicial], [variable_y_valor_deseado], [pasos_a_seguir_para_valor_deseado]);

FREAD

Utilizaremos esta instrucción para acceder a la lectura de un fichero. Para ello solo tenemos que hacer una llamada a un fichero e indicarle cuántos caracteres queremos que nos muestre de este fichero.

Sintaxis:
FREAD ([nombre_fichero], [cantidad_a_mostrar]);

FUNCTION

Utilizaremos FUNCTION para emplear funciones que tengamos creadas en una página web. En una misma página podemos tener creadas las funciones que queramos y utilizarlas posteriormente cuando sea necesario.

Sintaxis:
FUNCTION [nombre_funcion] ([variable]);

FWRITE

La instrucción FWRITE la utilizaremos cuando nos interese escribir contenido en algún fichero, pero debemos prestar atención a que este fichero que vamos a escribir esté anteriormente abierto y que tenga el permiso de escritura.

Sintaxis:
FWRITE [fichero];

IF

La instrucción IF forma parte de las instrucciones condicionales. Su utilización nos indica que si se cumple la condición que contiene el IF, ejecutará cierta parte del código de nuestra página. Si no cumple esta condición, saltará y seguirá adelante, sin hacer caso de esta instrucción.

Sintaxis:
IF ([condición]) { haz_esto };

INCLUDE

INCLUDE la podemos utilizar cuando sea necesario hacer una llamada a un fichero que contenga código y que necesitamos que se ejecute en la página actual. Esta instrucción es muy empleada para conectar con bases de datos; su principal característica es que nos puede ahorrar muchas líneas de código

Sintaxis:
INCLUDE [fichero];

INSERT

La instrucción INSERT la utilizaremos para insertar registros en una tabla.

Sintaxis:
INSERT into [nombre_tabla] (campos_tabla) values ("valor_del_campo");

MAIL

MAIL es la instrucción que utilizaremos cuando queramos crear una aplicación para enviar correos electrónicos. Requiere definir tres parámetros: el primero de ellos es el destinatario del correo electrónico, el segundo será el encabezado del correo electrónico que se va a enviar y, por último, el cuerpo del mensaje que enviaremos.

Sintaxis:
MAIL ([email_destinatario], [titulo_mensaje], [cuerpo_mensaje]);

MKDIR

MKDIR se utiliza para crear directorios.

Sintaxis:
MKDIR ([nombre_directorio]);

MYSQL_CONNECT

Utilizaremos la instrucción MYSQL_CONNECT para conectar con una base de datos MySQL. Esta instrucción requiere tres parámetros: el primero de ellos es donde determinamos el *host* al que queremos conectarnos; el segundo, el nombre de usuario para acceder a la base de datos; el tercero, el *password* (contraseña).

Sintaxis:
MYSQL_CONNECT ([host], [nombre_usuario], [password]);

MYSQL_FETCH_ARRAY

Esta instrucción nos devuelve un *array* con el resultado de una consulta.

Sintaxis:
MYSQL_FETCH_ARRAY ([consulta_SELECT]);

MYSQL_NUM_ROWS

Esta instrucción nos devuelve un valor que indica el número de registros encontrados en una consulta.

Sintaxis:
MYSQL_NUM_ROWS ([consulta_SELECT]);

MYSQL_QUERY

Ejecuta una consulta a la base de datos activa en el servidor asociado al identificador de conexión. Requiere dos parámetros: la consulta que deseemos realizar y los datos de conexión a la base de datos (*host*, nombre de usuario y *password*).

Sintaxis:
MYSQL_QUERY ([consulta_SELECT], [conexión_base_de_datos]);

MYSQL_SELECT_DB

Utilizamos esta instrucción para seleccionar una base de datos entre todas las que tengamos. Requiere dos parámetros: el primero es la base de datos que queramos utilizar y el segundo, la conexión para la base de datos.

Sintaxis:
MYSQL_SELECT_DB ([base_de_datos], [conexión_base _de_datos]);

ORD

ORD nos convierte un carácter en su correspondiente valor en código ASCII.

Sintaxis:
ORD ([carácter]);

PRINTF

Esta instrucción imprime en pantalla una cadena de texto, previamente formateada.

Sintaxis:
PRINTF ([formato],"[cadena_de_texto]");

RANDOM

Esta instrucción se emplea para generar números de forma aleatoria. Podemos indicar el rango entre el cual queremos que se nos muestre el número.

Sintaxis:
RANDOM (valor1, valor2);

REQUIRE

Realiza la misma función que la instrucción INCLUDE.

Sintaxis:
REQUIRE ([fichero]);

RMDIR

RMDIR se utiliza para borrar directorios.

Sintaxis:
RMDIR ([nombre_directorio]);

SELECT

La instrucción SELECT se utiliza para seleccionar registros de una base de datos. Usar esta instrucción puede llevar a que se determinen ciertas condiciones en la selección de los registros, es decir, que deban cumplir una serie de condiciones.

Sintaxis:
SELECT [condición] from [nombre_tabla];

SPRINTF

Hace la misma función que PRINTF, pero la diferencia es que esta, en vez de mostrarlo en pantalla, lo almacena en una variable.

Sintaxis:
$variable = SPRINTF ([formato],"[cadena_de_texto]");

STRTOLOWER

Convierte una cadena de caracteres a minúsculas.

Sintaxis:
STRTOLOWER ([cadena]);

STRTOUPPER

Convierte una cadena de caracteres a mayúsculas.

Sintaxis:
STRTOUPPER ([cadena]);

SUBSTR

La función SUBSTR se encarga de mostrar una parte determinada de una cadena de texto. Para emplearla será necesario que le indiquemos primero la cadena que debe mostrar y, posteriormente, a partir de qué carácter queremos que nos muestre esa cadena.

Sintaxis:
SUBSTR ("[cadena]", [caracteres a mostrar]);

UPDATE

UPDATE es la instrucción encargada de actualizar registros en una base de datos. Para poder actualizar un registro debemos indicar qué condiciones ha de tener el registro que vamos a actualizar para poder modificarlo.

Sintaxis:
UPDATE [tabla] set [condición];

ÍNDICE ALFABÉTICO

A
Ajax, 203
Apache, 19
AppServer, 34
Argumentos, 61, 65, 81
Array, 110
ASCII, 67, 216
Auto_Increment, 98, 99

B
Break, 60

C
C++, 41
Chdir, 76
Cookie, 81

D
Date, 113, 131
Define, 45
Delete, 169
Depurador, 93
Do, 56
DocumentRoot, 25

E
Echo, 44
Else, 53
Else if, 53
Ereg, 72
Eregi, 73
Extension_dir, 27

F
Fclose, 75
Fopen, 76
For, 109
Formulario, 207
Fread, 120
Funciones, 135, 213
Function, 213
Fwrite, 76, 214

H
Host, 107
HTML, 15
httpd.conf, 23

I
Include, 58
Insert, 141
Intval, 120

J

JavaScript, 89
jQuery, 207

L

Localhost, 95

M

Mail, 72
Mkdir, 76
MySQL, 95, 107
Mysql_connect, 107
Mysql_fetch_array, 111, 143, 163, 177
Mysql_num_rows, 112, 215
Mysql_query, 137, 143, 151, 181
Mysql_select_db, 183, 199

O

onreadystatechange, 204
Operadores, 47
Operadores aritméticos, 47
Operadores lógicos, 49
Ord, 67
Order, 137, 143, 148

P

Password, 141, 148
Phpinfo, 38, 86
Php.ini, 26, 34
phpMyAdmin, 29
PhpMyAdmin, 31

Port, 86
POST, 128, 174, 185
Printf, 216

R

Rand, 125
Register_globals, 26
Request_meted, 85
Require, 216
Rmdir, 76, 216

S

Script, 41
Select, 109, 112
Sesiones, 28
Session_id, 82
Session_start, 82
Setcookie, 81, 83
Software gratuito, 40
Sprintf, 69
SQL, 73
Start, 82
Strtolower, 217
Strtoupper, 217
Substr, 217
Switch, 58

U

Unión de cadenas, 68
Update, 141, 218
Upload_tmp_dir, 27
URL, 93